中国企业出口的政策环境研究

熊瑞祥 著

On Policy

Causes of

Chinese

Firms' Exports

格 致 出 版 社　　上海人民出版社

本书出版得到湖南师范大学理论经济学学科的资助。本研究得到国家自然科学基金面上项目（72173112）、国家自然科学基金青年项目（71803170）、教育部人文社科基金青年项目（17YJC790175）、湖南省教育厅创新平台开放基金项目（20K121）的资助。

献给我的妻子、两个女儿。

目　录

第1章 绪 论

1.1 研究背景与问题的提出

1.1.1 研究背景

1978 年以来的改革开放政策，使中国从一个封闭经济体发展成外贸依存度很高的经济体。自 2001 年中国加入世界贸易组织(WTO)以来，中国企业的出口得到了迅速的发展，在融入国际经济的过程中，中国已经演变成为全球的制造和贸易中心。2009 年，中国超过德国，成为全球第一大出口国；2012 年，中国的货物进出口总值超过美国，成为世界最大的货物贸易国。为更加细致地了解中国出口近年来的演变规律，我们使用 2000—2015 年中国海关总署提供的产品层面出口数据①，从所有制、区域、行业角度对中国出口进行更深入的描述统计分析。

---

① 2015 年之后，中国海关总署没有公开本研究所需的细分数据，故我们只能使用截至 2015 年的数据。

　　第一,所有制层面。在改革开放,尤其是 2001 年"入世"的推动下,如图 1.1 所示,外商投资企业、国有企业和民营企业①已经成为目前中国企业对外出口的主要力量。值得注意的是,民营企业和外商独资企业在 2002 年之后出口额的上升尤为明显,这说明"入世"带给民营企业和外商独资企业的出口福利是更为巨大的。

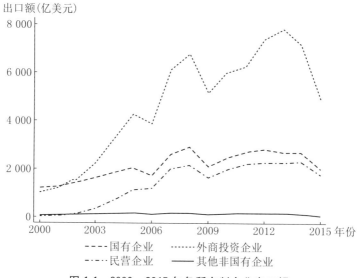

图 1.1　2000—2015 年各所有制企业出口额

资料来源:2000—2015 年中国海关数据库。

　　表 1.1 进一步描述了各类所有制企业在 2000—2015 年间出口额占比的变化。如该表所示,国有企业的出口额占比从 2000 年的 47% 迅速地下降至 2006 年的 20%,而之后年份的出口额占比基本保持不变;外商独资企业、民营企业的出口额占比在样本期间增长迅速,二者出口额的占比分别从 2000 年的 24.69% 与 0.85%,快速地增长至 2006 年的 39.06% 与 17.42%,之后年

---

　　①　国有企业包括国有企业和集体企业,外商投资企业包括外商独资企业和合资企业,其他非国有企业主要有个体工商户、合作企业等其他企业。

份这两类企业的出口占比基本保持不变；合资企业、集体企业以及其他企业
在各年出口额中所占份额变化情况并不明显。

表 1.1　各类型企业出口占比(2000—2015 年)(％)

企业类型	2000 年	2003 年	2006 年	2009 年	2012 年	2015 年
国有	47	31	20	19	18	17
合作	3.80	3.02	1.86	1.51	1.30	0.95
合资	19.73	18.49	17.04	16.30	17.18	16.15
外商独资	24.69	33.33	39.06	40.74	41.36	39.99
集体	3.90	5.73	4.44	4.26	4.30	5.18
民营	0.85	8.29	17.42	18.19	17.83	20.16
其他	0	0.280	0.200	0.007	0.008	0.001

资料来源：2000—2015 年中国海关数据库。

　　第二，区域层面。对外贸易区域结构主要包括内部区域结构和外部区
域结构。内部区域结构即国内的地区结构，指东中西部在中国对外贸易中
所占的比重或地位，是各地区经济发展水平和对外开放程度的重要体现。
外部区域结构即出口国别(或地区)结构，是对外贸易的国别(或地区)分布，
指在一定时期内各国、各地区在对外出口中所占的地位，用某一年份中国对
该国(或地区)的出口总额来表示。

　　中国出口贸易内部区域结构的变化方面，改革开放以来，东部沿海地区
凭着国家优惠政策与靠近大港口等地理优势条件，实现了对外贸易的迅速
崛起；而中西部地区则由于自然条件等因素的限制，在对外贸易中处于劣
势。如图 1.2 所示，中国东部地区的出口额相比中西部地区遥遥领先。[①]

_____

　　① 　东部地区包括 11 个省或直辖市：北京、天津、河北、辽宁、上海、江苏、浙江、福建、山东、广
东和海南。中部地区包括 8 个省：山西、吉林、黑龙江、安徽、江西、河南、湖北和湖南。西部地区包
括 12 个省、自治区或直辖市：内蒙古、广西、重庆、四川、贵州、云南、西藏、陕西、甘肃、青海、宁夏和
新疆。

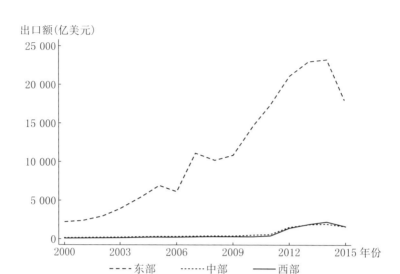

图 1.2　2000—2015 年中国东、中、西部地区出口额

资料来源:2000—2015 年中国海关数据库。

中国出口贸易外部区域结构的变化方面,在 2000—2010 年的对外贸易中,中国内地的前五大贸易伙伴分别为美国、中国香港、日本、韩国和德国。

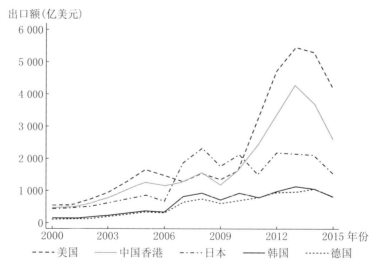

图 1.3　2000—2015 年中国内地向前五大贸易伙伴的出口额

资料来源:2000—2015 年中国海关数据库。

中国内地对这五大贸易伙伴的出口总额的变化情况如图 1.3 所示；除 2008 年前后几年之外，美国一直是中国第一大出口国。

第三，行业层面。随着中国工业化进程的加快与经济的发展，中国出口商品的国际竞争力不断增强、出口商品的结构也不断优化。中国出口产品在行业层面有两个特点。一是工业制成品的出口占据主导地位。截至 2015 年，中国出口商品中工业制成品的占比已经超过了 95%（如表 1.2 所示）。二是劳动密集型产品成为出口主导产品。中国出口导向战略首先大力发展的是具有比较优势的劳动密集型产品与加工贸易产品。

表 1.2　2000—2015 年各行业出口占比（%）

行　　　　业	2000 年	2003 年	2006 年	2009 年	2012 年	2015 年
初级产品	10.30	8.01	5.57	5.32	3.99	3.75
食品和活动物	4.99	4.04	2.66	2.75	2.23	2.38
饮料及烟叶	0.30	0.23	0.13	0.14	0.11	0.14
除燃料外的非食用未加工材料	1.78	1.15	0.83	0.66	0.59	0.57
矿物燃料、润滑油及相关物质	3.19	2.56	1.91	1.74	1.04	0.63
动物及植物油、脂肪及蜡	0.04	0.03	0.04	0.03	0.02	0.03
工业制品	89.70	91.99	94.43	94.68	96.01	96.25
未列明的化学及有关产品	4.78	4.44	4.67	5.10	4.96	5.43
主要按材料分类的制成品	17.46	16.08	18.55	15.72	15.13	16.81
机械和运输设备	32.77	42.62	45.66	48.90	49.28	47.61
杂项制成品	34.68	28.84	25.55	24.96	26.64	26.40
未列入其他分类的货物及交易	0.006	0.005	0.005	0.004	0.002	0.003

注：本表根据 SITC 一位数对产品分类。
资料来源：2000—2015 年中国海关数据库。

我们进一步描述了不同融资依赖程度行业的出口额、出口额占比的变化情况。我们使用 ISIC 三位数行业的外部融资依赖度指标（只考虑制造业数据）[①]，根据该指标的分位数将行业分为外部融资依赖度高、中、低三

---

① 行业的外部融资依赖程度指标来自 Manova 等（2015）。

出口额(亿美元)

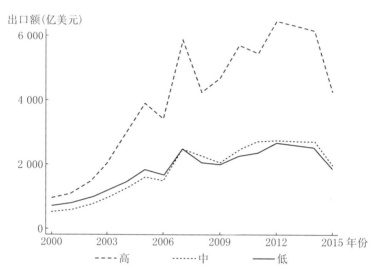

图 1.4　2000—2015 年外部融资依赖程度高、中、低三类行业出口额
资料来源:2000—2015 年中国海关数据库。

出口额(亿美元)

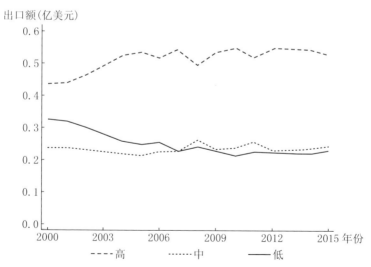

图 1.5　2000—2015 年外部融资依赖程度高、中、低三类行业出口额占比
资料来源:2000—2015 年中国海关数据库。

种类型,并结合 2000—2015 年中国海关数据库,绘制了三类行业出口额、出口额占比的变化趋势。图 1.4 显示,外部融资依赖度高的行业的出口额远高于其他两类行业,且外部融资依赖程度高的行业的出口额在样本期间不断增加。图 1.5 显示,外部融资依赖程度高的行业的出口额占比在 2000—2006 年间增长迅速,而同一时期外部融资依赖程度低的行业的出口额占比迅速下降;三类行业出口额的占比在 2006—2015 年间基本保持稳定。

1.1.2　问题的提出

图 1.2 表明,中国近年来的出口取得了举世瞩目的成就。其中,东部地区的出口表现尤其突出。与此同时,20 世纪末至 21 世纪初,中国实施了一系列的出口鼓励政策(例如建设出口加工区)。由此而来的一个重要问题是:这些政策在促进出口方面是否成功? 如果成功,其条件是什么? 出口鼓励政策促进出口的微观作用机制又是什么? 本书第 4 章将研究这些问题。这些经验对于发展中国家有重要的借鉴意义。此外,在经历了 40 余年的高速增长之后,中国的出口自 2018 年中美贸易摩擦以来形势严峻,其中最令人担忧的便是中国因制造业所面临的挑战而可能出现出口下滑:一方面,自动化技术在发达国家的广泛应用及其使用成本的持续下降,降低了生产过程中的劳动力成本(Acemoglu and Restrepo,2018),减少了发达国家对发展中国家离岸外包与进口的需求(Faber,2020);另一方面,人口年龄结构的转变使中国劳动力成本不断上升,劳动密集型产业面临着不断地向低收入国家转移的压力(熊瑞祥等,2021)。由此带来的一种担忧是,中国似乎正在丧

失制造业的比较优势,进而使得出口增长不可持续。这就要求我们通过对现有出口鼓励政策效果的科学评估,来寻求未来借助政策调整而进一步释放出口带动效应的可能空间。

图1.1与表1.1显示,2000—2015年间,中国民营企业的出口额与出口占比显著上升。由于进入国际市场需要事先支付固定成本和可变成本、发货和收款之间时滞较长且国际市场风险较大,出口企业相比非出口企业对融资的需求更大,更容易受融资约束的不利影响(Chaney,2016;Manova,2013)。而中国以大银行为主导的金融体系主要服务大企业(林毅夫等,2009),民营企业很难从大银行获得贷款(Allen et al.,2005;林毅夫、李永军,2001)。民营企业出口的高速增长似乎成为了一个谜团。那么,是否存在替代性的融资途径以满足中国民营出口企业不断增长的融资需求呢?如果存在,这种替代性的融资途径促进民营企业出口的微观作用机制是什么呢?本书第5章将研究这些问题。

中国经济已由高速增长阶段转向高质量发展阶段,依靠牺牲劳动者福利或损害环境质量的出口增长模式既不具有可持续性,也不具有社会合意性。为了在保护劳动者福利、保护环境与促进出口增长之间做出科学的权衡取舍,我们需要对劳动保护、环境保护的收益与成本进行全面而准确的估计。为此,亟须回答的问题是:加强劳动保护、环境保护是否会给中国出口带来负向影响?如果会,负向影响到底有多大?如何降低劳动保护、环境保护对中国出口的不利影响?劳动保护、环境保护影响出口的微观作用机制是什么?本书第6章和第7章将研究这些问题。对这些问题的回答,有助于缓解劳动保护、环境保护对出口的负向影响,兼顾"劳动保护、环境保护"与"出口增长"两个目标。

1.2 研究方法与数据

1.2.1 研究方法

从研究方法上来看,本书综合了理论研究与实证研究。首先,本书对比较优势理论、新贸易理论、新新贸易理论这三支文献进行了细致的梳理,为后续实证分析打下了坚实的理论基础。其次,本书使用了规范的微观计量经济学方法对政策环境与中国企业出口行为之间的关系进行了准确的因果推断。具体而言,本书针对参数估计,使用了政策评估中运用较为广泛的面板数据下的双重差分方法(difference-in-differences estimator)与固定效应模型(fixed effects model),以及考察效果异质性时的交互项方法。在对出口加工区"主导产业"的度量中,本书还用到了实证研究中日益受到重视的文本分析(text analysis)方法。最后,考虑到同一城市不同企业的随机扰动项可能相关,本书还使用了城市层面的聚类标准误(clustered standard error),以使得出来的估计系数的标准误更加可信。

1.2.2 研究数据

本书所使用的数据包括企业层面微观数据、地区层面宏观数据、行业或产品层面数据三大部分。

企业层面微观数据具体包括:国家统计局提供的 1998—2013 年中国工

业企业数据库①;中国海关总署提供的 2000—2015 年中国海关数据库;中共
中央统战部、全国工商业联合会、国家工商行政管理总局、中国民(私)营经
济研究会②组成的"私营企业研究课题组"提供的 2006 年、2008 年、2010 年、
2012 年"中国私营企业调查数据"③;生态环境部(前身为环境保护部)提供
的"中国企业排污数据库"。

地区层面宏观数据包括:国家发展和改革委员会 2007 年公布的《中国
开发区审核公告目录》记录了中国至 2006 年年底为止的所有国家级与省
级开发区的批准成立时间、批准时重点发展的"主导产业"等信息;中国银
行保险监督管理委员会④公布的 1995—2015 年地级市层面城市商业银行
银行的网点数据;使用中国裁判文书网 2014—2017 年间的劳动合同纠纷
案件信息,计算出的每个地级市劳动合同纠纷案中劳动者胜诉的平均比
例;各地区统计公报与地方政府网站发布的 2005—2012 年地级市层面最
低工资数据;《中国城市统计年鉴》中提供的地级市人均国内生产总值
(GDP)数据。

行业或产品层面数据包括:1997 年 239 个国家的 5 016 种 HS 六位数产
品数据来自 BACI 数据库,这个数据库的原始数据来自 COMTRADE 数据
库提供的国家之间的双边贸易数据⑤;HS 六位数产品与《国民经济行业分
类》之间的对应表来自 Upward 等(2013)。

<hr>

① 因为 2010 年数据存在重要缺陷(Fan et al.,2018),故实际分析中剔除了 2010 年的样本。
② 中国民(私)营经济研究会于 2014 年更名为"中国民营经济研究会"。
③ 实际数据年份是 2005 年、2007 年、2009 年与 2011 年。
④ 2018 年,之前的中国银行业监督管理委员会和中国保险监督管理委员会组建成立中国银行
保险监督管理委员会。
⑤ BACI 数据库可以直接从它的官方网站下载:http://www.cepii.fr/anglaisgraph/bdd/baci.
htm。

1.3 本书的内容与结构安排

1.3.1 结构安排

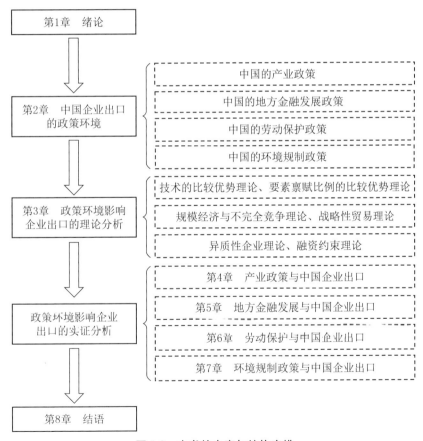

图 1.6 本书的内容与结构安排

1.3.2 内容安排

如图 1.6 所示,本书一共包括八章。第 1 章为绪论,主要介绍本书的研究背景、使用的研究方法、数据构成与来源、本书的主要内容与结构安排,以及本书的创新之处。第 8 章为结语,总结全书的研究内容,提炼相应的政策含义,并指出本书的不足之处。

第 2 章从四个方面对企业出口的政策环境及其特征进行系统的梳理,为后续理论分析与实证估计做铺垫。具体包括产业政策的类型与特征、地方金融发展历程与特征、劳动保护政策实施背景与特征,以及环境规制政策的类型与特征。

第 3 章主要对政策环境影响企业出口的理论进行简要回顾,为后续实证分析提供理论基础。其中包括比较优势理论(技术的比较优势理论与要素禀赋比例的比较优势理论)、新贸易理论(规模经济与不完全竞争理论、战略性贸易理论),以及新新贸易理论(异质性企业理论与融资约束理论)。

第 4 章使用 1998—2007 年间城市—三位数行业—年份层面出口数据,以 2000—2005 年间成立的国家级出口加工区为准自然实验,结合产品空间理论与双重差分方法,检验了产业政策效果是否取决于被扶持行业同本地生产性结构之间的一致性程度(即产业间关联度)。估计结果表明,被鼓励行业同本地生产性结构之间的一致性程度越高时,行业的出口额越高。这一发现意味着,因地制宜的产业政策通过更好地利用本地技能、知识、技术、资本与制度投入等促进了增长。

第 5 章从成立于 1995 年的城市商业银行这一规模最大的地方性中小银行入手,结合异质性企业理论、双重差分方法与 1997—2012 年间 260 个城市的行业出口数据,研究了地方金融发展对企业出口的影响。研究发现,城市商业银行降低了民营企业的平均贷款利率,但对民营企业获得贷款的概率没有显著影响,即,城市商业银行主要是通过金融深化,而不是金融广化来改善民营企业的融资约束问题。民营企业的融资成本降低之后,可以更低的价格出口产品,也更有能力去开拓更多的国际市场,这是城市商业银行促进民营企业出口增长的微观作用机制。

第 6 章使用 2006—2012 年中国私营企业调查数据、2005—2013 年中国工业企业数据库、2000—2015 年中国海关数据库,结合双重差分方法,研究了《中华人民共和国劳动合同法》(简称《劳动合同法》)的实施及其实施强度对中国民营企业出口概率与出口额的影响。估计结果显示,企业所在地级市对《劳动合同法》的实施强度每提高一个标准差,平均而言会使得民营企业的出口概率与出口额分别下降约 2.7% 与 16%。最低工资较高地区、劳动密集程度较高、融资约束较强、规模较小的企业受到《劳动合同法》的负向影响更大。进一步的机制分析表明,《劳动合同法》的实施显著地降低了民营企业的生产率与长期雇用员工数量。这些发现意味着,为兼顾增长与劳动者福利,政府需要制定一些补充政策,给企业尤其是劳动密集型企业减税降费,给中小企业尤其是中小民营企业提供贷款优惠缓解其融资约束,以对冲《劳动合同法》所带来的劳动力成本上升。

第 7 章将"十一五"全国主要污染物排放控制总量计划中省级二氧化硫的削减目标作为一个准自然实验,结合三重差分方法与中国海关数据库,研究环境规制强度对中国企业出口额的影响。估计结果显示,二氧化硫排放密集度越高的行业的出口额受到二氧化硫排放规制政策的负向影响越大。进一步的异质性分析得到了同理论推断一致的结论:外资企业、东部和中部地区企业以及从事加工贸易的企业受到的负向影响更大,且在政府加大了对国有企业的监管后，国有企业受到的负向影响变大。上述发现在一系列稳健性检验中依然成立。

1.4　创新之处

本书的创新之处具体如下。

第 4 章的创新之处体现在两个方面。第一，拓展了现有文献对地区指向政策的研究深度。地区指向政策是近年来区域经济学研究兴起的一个研究重点，而中国各类开发区的建设又成为这支文献研究的重要内容，其中Wang(2013)对中国经济开发区效果的评估属于较早的研究。与该研究以及之后产生的文献相比，这一章的创新之处在于将地区指向政策的维度从"城市—年份"层面拓展到了"城市—行业—年份"层面。这是由于我们能够根据出口加工区成立时的政策文件，在行业层面区分设立出口加工区时当地政府希望重点发展哪些行业，从而通过控制更为严格的"城市—行业""城市—年份""行业—年份"三个两两交互的固定效应而避免更多的未观察因素可能导致的估计偏误，使研究结论的可靠性更有保证。第二，实证检验了同当地的生产性结构保持一致对于产业政策成功实施的重要性。现有文献在理论上已经指出产业政策的实施需要考虑当地的禀赋条件或比较优势，但并没有实证研究为此提供相应的经验证据。这一章则利用中国的出口加工区政策结合出口数据证实，只有当出口加工区重点扶持同当地的生产性结构保持一致的产业时，该政策才能够有效促进当地的出口增长。这为长期以来有关产业政策效果的争论提供了新的认识。

第 5 章的创新之处体现在两个方面。第一，为理解中国出口增长的微观基础提供了新的视角。现有文献从其他角度研究了中国出口增长的原因，包括产业政策（陈钊、熊瑞祥，2015；Chandra and Long，2013）、商业信用（陆利平、邱穆青，2016；周定根、杨晶晶，2016）、贸易地理（佟家栋、刘竹青，2014；包群等，2012）、制度（黄玖立等，2013；潘向东等，2005）、关系（王永进，2012）、汇率（谷任、吴海斌，2007）、外商直接投资（周春光、刘思峰，2006）与国内市场分割（朱希伟等，2005）等。相比这些研究，第 5 章提供了地方性中小银行可得性这一新的视角，并且重点研究其对中小企业出口成长的影响与作用机制。企业进入国际市场需要大量的融资支持。而中国的银行业以大银行为主，其主要服务对象是大企业；与此同时，中小企业对中国出口的贡献高达 60％。这一章从城市商业银行这一规模最大的地方性金融机构可得性增加的角度进行研究，有助于增进对中国出口增长微观基础的认识。第二，推进了现有关于融资约束与中国企业出口行为之间关系的文献（Bao et al.，2015；罗长远、季心宇，2015；张杰，2015；Feenstra et al.，2014；阳佳余，2012；孙灵燕、李荣林，2011；于洪霞等，2011）。这些文献侧重于研究企业层面某种或多种维度的融资约束对其出口行为的影响，并没有着重关注企业缓解融资约束的具体途径，而这一章则重点关注地方性中小银行可得性这一特定途径对缓解企业不同维度融资约束的影响；这一章还深入地考察了地方金融发展影响民营企业出口成长的微观作用机制；现有部分文献从省级层面度量了地区金融发展水平，但事实上同一省份内部不同地级市之间金融发展水平仍然存在较大差异。本书从地级市层面城市商业银行可得性这一更细致的维度更加准确地度量了地方金融发展水平。

第 6 章的创新之处体现在三个方面。第一，现有关于中国劳动力成本与企业出口行为之间关系的研究主要着眼于最低工资制度。事实上，同最低工资制度一样，《劳动合同法》也是影响中国企业劳动力成本的关键制度

(Fan et al.，2018；丁守海，2010)。这一章从《劳动合同法》带来的劳动力成本上升这一新角度，提升了我们对中国企业出口变化原因的认知。第二，丰富了《劳动合同法》对企业行为影响的相关研究。现有相关文献主要研究了《劳动合同法》对企业创新、五险一金支付、雇用行为、生产率与产出、经营弹性、与投资，第6章从出口角度补充了我们对《劳动合同法》经济影响的认识。同时，第6章还从新新贸易理论下的生产率机制与比较优势理论下的劳动力成本机制这两个角度，检验了《劳动合同法》影响民营企业出口的微观作用机制。第三，这一章结合中国2008年前后劳动保护的外生变化与不同地区对《劳动合同法》的实施强度差异，使用双重差分方法较好地处理了相关文献中的内生性问题，准确地估计了《劳动合同法》对民营企业出口行为的因果影响。

第7章的创新之处体现在两个方面。第一，企业作为经济活动的微观主体，是一国对外贸易的直接参与者，其出口竞争力直接关系到中国经济的可持续发展。这一章从出口的角度研究了环境规制政策带来的社会成本，补充了现有关于环境规制政策带来的社会收益的相关文献。第二，同一个省份不同地级市之间因为产业结构、经济发展水平等方面的差异，在二氧化硫减排强度方面也会存在差异，因此，关键解释变量的合适度量应该在地级市层面，而非省级层面。但由于地级市层面削减目标的数据并不公开，故无法直接获得地级市层面的二氧化硫减排指标。为此，第7章将根据同一省份内不同地级市产业结构的初始差异，将省级层面的二氧化硫削减目标科学地分解到地级市层面，以得到地级市层面的二氧化硫减排强度指标。

第 2 章　中国企业出口的政策环境

本章从四个方面对企业出口的政策环境进行系统的梳理,为后续理论分析与实证估计做铺垫。具体包括产业政策的类型与特征、地方金融发展历程与特征、劳动保护政策实施背景与特征,以及环境规制政策的类型与特征。

2.1　中国的产业政策

2.1.1　产业政策的类型

产业政策的类型有多种。根据是否扭曲市场,可以分为市场扭曲型产业政策与市场遵循型产业政策。前者包括改变相对价格的低利率贷款与价格补贴等政策,后者包括政府给一个新兴产业中的企业提供市场信息等政策。根据是否保护市场,可以分为市场保护型产业政策与市场促进型产业政策。前者包括关税、进口配额等,后者包括放松管制、反垄断等。一个国家采取何种类型的产业政策与这个国家对政府在经济中职能的定位有关。Lall(1994)将产业政策分为功能性产业政策和选择性产业政策。前者倾向于通过反对垄断、提供公共物品与基础设施建设等方式来调控经济使得公众免受市场失灵影响。这类产业政策通常没有特定的指向。发达国家更倾向于采用这种类型的产业政策,它强调市场在资源配置中起基础性作用。后者的制定则通常是为了实现既定的目标,具有明确的产业指向。发展中国家更倾向于采用这种类型的产业政策,它更强调政府在资源配置中的主导作用。

2.1.2　中国产业政策的特征

中国产业政策的特征主要表现为广泛性、持续性、高成本性与地区之间竞争同质性。

第一,广泛性。中国产业政策的广泛性主要包括产业政策形式的多样性与覆盖面的广阔性。产业政策形式包括设立国家级、省级和市级多种层次的开发区;从中央到省级再到市级的地方政府的五年规划;以及既有扶持战略性新兴产业的政策,如《国家发展改革委关于发挥价格杠杆作用促进光伏产业健康发展的通知》,又有支持传统产业的产业促进政策,如《全国食品工业"十一五"发展纲要》。

第二,持续性。中国产业政策的实施并不只是昙花一现,而是具有较强的持续性。为给予指导审批外商投资项目提供依据,国家计划委员会会同国务院有关部门自 1995 年起正式开始实施《外商投资产业指导目录》,其中包括鼓励类的外商投资产业目录、限制类的外商投资产业目录与禁止类的外商投资产业目录(禁止类、限制类与鼓励类以外的其他外商投资项目为允许类外商投资项目,允许类的外商投资项目不列入该目录)。该目录于 1997 年、2002 年、2004 年、2007 年、2011 年、2015 年、2017 年和 2019 年先后连续八次进行修改并再次实施。为了引导外商向中国的中西部地区进行投资,对外贸易经济合作部、国家发展计划委员会和国家经济贸易委员会三部委于 2000 年共同制定了《中西部地区外商投资优势产业目录》①,该目录于 2004 年、2008 年、2013 年和 2017 年先后四次进行修订并再次实施。

第三,高成本性。中国的产业政策还具有高成本性。中央政府为扶持产业发展,付出了高昂的成本。以政府对光伏产业的扶持为例,2013 年 8 月底出台的《国家发展改革委关于发挥价格杠杆作用促进光伏产业健康发展的通知》对分布式光伏发电施行按照全电量补贴的政策,电价补贴标准为每千瓦时 0.42 元。而根据国家《太阳能发电发展"十二五"规划》,到 2015 年中国分布式光伏发电装机容量计划达到 1 000 万千瓦,如果按照年利用小时数 1 200 计算,则年发电量为 120 亿千瓦时。这样,不包括融资优惠等其他支持,该政策对分布式光伏发电仅仅电价补贴这一项的财政支出就超过每年 50 亿元(0.42 元/千瓦时×120 亿千瓦时=50.4 亿元)。高端装备制造业是中国七大战略性新兴产业之一,而智能制造装备是"十二五"期间高端装备制造业发展的重点方向之一,中国政府近年来也在不断加大对装备制造业企业的扶持力度。装备制造业中的智能装备是首批享受政府补贴的行业之一,第一批享受补贴资金的智能制造装备项目共 19 个,得到国家补贴资金共 9.5 亿元,国家补贴占产品销售价格的 25%—30%,最高的达 50%(任曙明、吕镯,2014)。

---

① 2003 年,中国在对外贸易经济合作部和原国家经济贸易委员会的基础上,组建了中华人民共和国商务部;同年,国家发展计划委员会改组为中华人民共和国国家发展和改革委员会。2004 年及之后年份的《中西部地区外商投资优势产业目录》由国家发改委和商务部共同发布。

不仅中央政府在产业扶持上的支出规模大，各级地方财政为扶持产业发展也付出了高昂的成本。财政部 2011 年发布的《各地财政大力支持战略性新兴产业发展》通知中显示，各地财政财政部门为大力支持战略性新兴产业发展，纷纷加大资金扶持力度。北京市共有六支新兴产业创投基金获批，基金总规模达 15 亿元。安徽省财政积极发挥职能作用，一次性安排 25 亿元用于支持全省产业发展，并决定投入共计 50 亿元以支持安徽省战略性新兴产业发展。黑龙江省省级财政安排 18.5 亿产业发展专项资金用以助力新兴产业发展。广东省计划在 2011—2015 年间安排 30 亿元专项资金，用以无偿补助战略性新兴产业核心技术攻关。浙江省嘉兴市财政每年筹集 5 亿元专项资金，用于扶持新能源、新材料与物联网等六大战略性新兴产业发展。

由于中国的大规模企业扮演着保就业和促增长的双重角色，政府对单个企业，尤其是大型企业的直接补贴也规模庞大（步丹璐、黄杰，2013）。2013 年，约 90% 的 A 股上市公司获得补贴。[①]根据 LDE 行业的龙头企业三安光电 2010 年、2011 年和 2012 年年报与公开披露信息进行统计可知，该企业这三年从政府获得的直接补贴高达近 15 亿元（陆国庆等，2014）。三一重工是中国装备制造业领域的代表性企业，2005—2011 年间获得的政府补贴金额分别为 434 万元、416 万元、1 820 万元、2 523 万元、2 996 万元、9 523 万元和 9 亿元，2012 年仅仅从湖南省政府处获得的补贴金额就高达近 6 亿元（任曙明、吕镯，2014）。相比民营上市公司，国有上市公司获得的政府补贴金额更加庞大。2005—2008 年间，A 股市场的"补贴王"中国石化分别获得 94.15 亿元、51.61 亿元、48.63 亿元和 503.42 亿元的补贴；中国石油获得补贴数量

---

① 《上市公司争抢政府补贴"两桶油"十年获补贴过千亿》，《南方周末》2014 年 4 月 17 日，http://www.infzm.com/content/99942。

从 2009 年的 11 亿元增长到 2013 年的 103.47 亿元,增长了 8 倍多。[①]京东方科技股份有限公司 2005—2012 年间获得的政府补助总额为 84.13 亿元,平均每年约 8.5 亿元;其中仅 2011 年获得的政府补助金额就高达 62 亿元(步丹璐、黄杰,2013)。

以 1998—2007 年中国所有国有企业以及规模以上非国有制造业企业为例。这些企业获得的生产性补贴总额从 1998 年的 288 亿人民币增长至 2007 年的 843 亿元人民币,增长了近 2 倍,年平均增长率约为 13.2%。

考虑到产业政策的高成本性,准确地评估产业政策的效果,并在此基础上研究什么样的产业政策更加有效就变得至关重要,因为这些财政投入来自纳税人。

第四,地区之间竞争同质性。地区之间产业政策竞争同质性现象由来已久。在世纪之交,全国各地掀起一阵“光谷热”,武汉、长春与广州先后建立了“中国光谷”,竞相发展光电子信息产业。这些“光谷”基地的规划一个比一个雄伟:长春“中国光谷”自称是“中国光谷事业的摇篮”,“……由此向上拉动长春 GDP 增长 35%,向上拉动工业经济 50%,并创造 20 万个就业机会……”;武汉“中国光谷”的目标是建成“我国最大的光电子信息产业基地”;广州“中国光谷”的发展计划指标相比长春“中国光谷”甚至翻了几番,也远远高于武汉“中国光谷”的发展机会(李光,2001)。

产业政策的地区同质性还表现在中国不同地区的国家级开发区竞相将同样的产业作为重点发展的“主导产业”。截至 2018 年,中国共有 219 个国家级经济技术开发区、156 个国家级高新技术产业开发区和 135 个海关特殊

---

① 《上市公司争抢政府补贴“两桶油”十年获补贴过千亿》,《南方周末》2014 年 4 月 17 日,http://www.infzm.com/content/99942。

监管区域。①其中有 85 个国家级经济技术开发区将其"主导产业"定位为"装备制造"产业,约占所有国家级经济技术开发区的 38.8%。有 63 个国家级高新技术产业开发区将其"主导产业"定位为"电子信息"产业,约占国家级高新技术产业开发区总量的 40.4%。以 2000—2005 年间中国在不同城市成立的 57 个国家级出口加工区为例,其中重点发展的"主导产业"有 47 个为"电子信息",占所有国家级出口加工区的比例高达 82.5%。②

地区"主导产业"的竞争同质性不一定就是坏事。即使在市场机制成熟的发达国家,在许多行业的发展初期,由于行业进入壁垒较低,都可能出现由企业之间的自由进入竞争导致的同质性。但是,市场竞争将促使低效率的企业退出,保留下来的只是高效率企业;也就是说,这种由于自由进入导致的同质性竞争不会维持太久(杨天宇、刘瑞,2009)。

然而,这种产业政策的地区同质性并未随着时间的推移而有所改善。自 2012 年科技部出台《智能制造科技发展"十二五"专项规划》③促进工业机器人发展以来,各地竞相出台促进工业机器人发展的产业政策。至 2018 年底,全国 293 个地级市中,有 202 个出台了 421 个促进当地工业机器人生产与研发的产业政策。④2010 年 10 月 10 日,国务院发布了《关于加快培育和发展战略性新兴产业的决定》的通知,明确将从加大财税金融政策扶持力度与引导鼓励社会投入等方面出台一揽子政策,扶持节能环保、新一代信息技

---

① 《中华人民共和国国家发展和改革委员会　中华人民共和国科学技术部　中华人民共和国国土资源部　中华人民共和国住房和城乡建设部　中华人民共和国商务部　中华人民共和国海关总署公告》(2018 年第 4 号),国家发改委网站 2018 年 3 月 2 日,https://www.ndrc.gov.cn/fggz/ly-wzjw/zcfg/201803/t20180302_1047056.html?code=&state=123。

② 《中国开发区审核公告目录(2006 年版)》,https://www.ndrc.gov.cn/xxgk/zcfb/gg/200704/W020190905487497735524.pdf。

③ 《科技部印发智能制造科技发展"十二五"专项规划》,中国政府网 2012 年 4 月 24 日,http://www.gov.cn/gzdt/2012-04/24/content_2121218.htm。

④ 北大法宝,www.pkulaw.com。

术、生物、高端装备制造、新能源、新材料和新能源汽车七大战略性新兴产业发展。①此后,战略性新兴产业在中国各地区遍地开花。特别需要说明的是,虽然国务院《关于加快培育和发展战略性新兴产业的决定》的文件中明确强调,要"加强对各地发展战略性新兴产业的引导,优化区域布局、发挥比较优势,形成各具特色、优势互补、结构合理的战略性新兴产业协调发展格局。各地区要根据国家总体部署,从当地实际出发,突出发展重点,避免盲目发展和重复建设",但地方政府显然没有遵守国务院的部署。据人民网报道,截至 2011 年年末,全国 31 个省区市均把光伏产业列为优先扶持发展的新兴产业;全国 600 个城市中有 300 个发展光伏太阳能产业,还有 100 多个建设了光伏产业基地;全球多晶硅产量约为 20 万吨,中国占了近 9 万吨,却不掌握核心技术;产能巨大,国内市场总量却较低,严重依赖国际市场。②在这种违背地方比较优势的竞争下,很快,中国的光伏产业就出现了严重的产能过剩问题。为此,国务院不得不于 2013 年出台了《关于促进光伏产业健康发展的若干意见》③,国家能源局于 2015 年出台了《关于开展全国光伏发电工程质量检查的通知》④,国家发展改革委于 2019 年出台了《关于完善光伏发电上网电价机制有关问题的通知》⑤,以期控制光伏制造总产能,加快淘汰落后产能,提高光伏产业发展质量和效益。这意味着优胜劣汰的市场机制在中

---

① 《国务院关于加快培育和发展战略性新兴产业的决定》(国发〔2010〕32 号),中国政府网 2010 年 10 月 18 日,http://www.gov.cn/zwgk/2010-10/18/content_1724848.htm。

② 《光伏产业岂能遍地开花》,新浪网 2011 年 11 月 9 日,http://finance.sina.com.cn/chanjing/sdbd/20111109/070110779879.shtml。

③ 《国务院关于促进光伏产业健康发展的若干意见》(国发〔2013〕24 号),中国政府网 2013 年 7 月 15 日,http://www.gov.cn/zwgk/2013-07/15/content_2447814.htm。

④ 《国家能源局关于开展全国光伏发电工程质量检查的通知》,国家能源局网站 2015 年 4 月 7 日,http://zfxxgk.nea.gov.cn/auto87/201504/t20150420_1904.htm。

⑤ 《国家发展改革委关于完善光伏发电上网电价机制有关问题的通知》(发改价格〔2019〕761 号),国家发改委网站 2019 年 4 月 28 日,https://www.ndrc.gov.cn/xxgk/zcfb/tz/201904/t20190430_962433.html?code=&state=123。

国尚未发挥充分的作用。

地区之间产业政策的同质化不利于各地区充分发挥自身的比较优势，不利于发挥地区产业链之间的互补性，还可能造成地区之间产业发展的恶性竞争，给中国区域经济的协调发展造成不利影响（王征、王雷，2015）。钟笑寒（2005）通过建立一个简明的产业组织模型，研究了中国经济分权化改革过程中的地方保护主义与地区竞争的经济效果。结果表明：（1）地方保护主义降低了社会总福利水平。（2）地区竞争的效果取决于技术是否存在规模报酬：当技术呈规模报酬递减时，地区之间的竞争提高了社会总福利水平；反之，当技术呈规模报酬递增时，地区之间的竞争降低了社会总福利水平。这一发现意味着，对于那些具有规模报酬的产业而言，一味地强调地区之间的竞争反而会效率降低；相反，如果由国家来对这些产业进行统一的规划与引导，则可以提高社会总福利水平。本书第4章对中国出口加工区的研究结果将表明，那些同当地的生产性结构不匹配的产业政策对于促进出口是没有效果的，这意味着这样的产业扶持政策实质上是一种巨大的浪费。本书的发现为既有相关文献提供了有益补充。

中国产业政策地区同质性的根源在于：在中国的财政分权体制下，地方政府之间有强有力的激励提供竞争性产业政策，以吸引流动性生产要素劳动、资本以及企业落户本辖区，促进本地区的经济增长与税收增加。龙小宁等（2014）利用2000—2006年县级层面的企业营业税税率与所得税税率面板数据，结合空间计量经济学模型，定量地研究了中国县级政府之间的税收竞争问题。作者发现：首先，中国县级政府之间在上述两种税率上存在正向的显著的空间竞争，表明地方政府层面确实存在着通过竞相提供优惠的产业政策来吸引流动性生产要素与企业进入本辖区的激励。其次，外资企业相比内资企业具有更高的流动性。县级政府之间在外资企业税率上的空间竞争程度显著大于它们在内资企业税率上的空间竞争程度,这进一步佐证了作者的经济学推断。再次,同一地级市内不同的县之间既存在竞争关系,又受到市级政府的统一协调。同一地级市内部相邻县之间的税收空间竞争程度明显低于分属于不同地级市但相邻的县之间的税收空间竞争程度,这意味着地级市在协调辖区内不同县之间优惠性产业政策的部署上发挥了积极的作用。这一发现对于降低产业政策的地区同质性有着重要的借鉴意义:在一定程度上提高产业政策的集权程度,有利于降低地区之间产业政策的恶性竞争。最后,国际化程度较高的沿海地区相比内陆地区,对税收竞争的依赖程度更低。这可能是因为沿海地区经过了较长时期的发展以后,更倾向于通过改善投资环境等更先进的方式来吸引流动性生产要素与企业。

2.2　中国的地方金融发展政策

2.2.1　中国地方金融发展历程

自 1995 年经国务院批准在城市信用社的基础上组建第一家城市商业银行以来,城市商业银行在过去 20 余年实现了蓬勃的发展,已成为中国商业银行体系中规模最大的地方性中小银行。截至 2017 年,全国先后在不同的地级市(直辖市)设立了 1.6 万个城商行营业网点,县域机构覆盖率超过 65%;其资产规模从 1995 年的 133.6 亿元增长至 2016 年的 30.5 万亿元,增长率超过 2 000 倍;总资产占商业银行的比例从 2003 年的 5.2% 增长至 2017 年的 15.8%。从实践与相关政策来看,以城市商业银行为代表的中国地方金融发展可以大致分为如下两个阶段。

一是改制组建阶段（1994—2003 年）。20 世纪 80 年代，城市民营与个体经济的蓬勃兴起，促进了为其提供金融服务的城市信用社的迅猛发展。但城市信用社在经营过程中逐渐背离了审慎经营原则，经营风险日益显现（楼文龙，2008）。1995 年 9 月《国务院关于组建城市合作银行的通知》决定，为化解城市信用社累积的风险，在清理整顿地方财政信用的基础上在大中城市分期分批组建城市合作银行。其中明确规定"城市合作银行是在城市信用社的基础上，由城市企业、居民和地方财政入股组成的股份制商业银行。其主要任务是：融通资金，为本地区经济的发展，特别是城市中小企业的发展提供金融服务"。1997 年 6 月中国人民银行发布的《城市合作银行管理规定》中进一步明确"城市合作银行主要为本市中小企业和居民提供金融服务，以促进地方经济的发展"。也就是说，城市商业银行的经营活动被限制在本市。这也是城市商业银行作为"地方性"金融机构的内涵。

二是联合重组、跨区域扩张与上市阶段（2004—2021 年）。随着跨区域金融经济联系的日益加深，城市商业银行长期以来一直实行的"单一城市制"经营模式的弊端越来越突出，城市商业银行对跨区域发展的需求不断增加。2004 年 6 月，银监会首次提出"对城市商业银行实施改造重组，加强联合，提高整体发展水平和市场竞争能力"。2004 年 11 月，银监会发布了《城市商业银行监管与发展纲要》，为此后城市商业银行的快速发展奠定了政策基础。2005 年 12 月，安徽省的六家城市商业银行和七家城市信用社重组为徽商银行。2006 年 2 月，银监会发布了《城市商业银行异地分支机构管理办法》，正式明确了城市商业银行设立异地分支机构的具体要求与操作流程。2006 年 4 月，上海银行在宁波开设第一家分行，标志着中国城市商业银行跨区域扩张的开始。2007 年 4 月,银监会发布了《关于允许股份制商业银行在县域设立分支机构有关事项的通知》,进一步加强了城市商业银行服务中小企业的能力。2009 年 4 月,银监会发布了《关于中小商业银行分支机构市场准入政策的调整意见(试行)》,放宽了城市商业银行跨区域设立分支机构的相关限制,城市商业银行跨区域发展尤其是省内设立异地分支机构的步伐大大加快。各大城市商业银行开始在全国各地大规模设立分支机构,仅 2010 年,城市商业银行新设分支机构数量就超过 100 家。2006—2011年,城市商业银行通过发起设立分支、合并重组和参股收购等模式建立了跨区域分行与支行。

但大规模的跨区域扩张也带来了流动性风险增加与资本补充压力过大等问题(中国人民银行沈阳分行课题组,2012)。2010 年齐鲁银行诈骗案等多起风险事件的爆发,进一步暴露出跨区扩张所隐藏的弊端。鉴于此,2011年 3 月银监会决定暂缓审批城市商业银行的跨区域扩张申请,审慎推行区域扩张。在此背景下,《中国银监会办公厅关于做好 2013 年农村金融服务工作的通知》明确指出:"按照商业可持续和'贴近基层、贴近社区、贴近居民'原则,允许城商行在辖内和周边经济紧密区申设分支机构,但不跨省区,抑制盲目扩张冲动。"①城市商业银行跨省经营浪潮开始停止,转而在省内跨区域经营。

2016 年,银监会进一步强调城市商业银行应在推动地方产业结构升级中发挥积极作用,并恪守"为实体经济特别是中小微企业、'三农'和社区,以及大众创业、万众创新提供更有针对性、更加便利的金融服务"这一

---

① 《中国银监会办公厅关于做好 2013 年农村金融服务工作的通知》,中国政府网 2013 年 2 月 16 日,http://www.gov.cn/zhengce/2013-02/16/content_5023776.htm。

特色市场定位。[①]经过 20 余年的蓬勃发展,截至 2021 年底,城市商业银行的总资产约为 45.1 万亿元,占中国银行业总资产的比例约为 13.1%。[②]

2.2.2　中国地方金融发展的特征

从发展历程来看,中国地方金融的发展有如下四个特征。第一,相比层级结构复杂和决策链条冗长的大银行,作为中小银行的城市商业银行成立之初即为股份制形式,机制灵活,决策链条短,审批环节少,在服务财务信息主要为不容易验证的"软信息"的中小企业更有优势;这和它定位于服务中小企业的目标是一致的。第二,城市商业银行的经营活动被限制在本市。从实证方法上看,这样的好处是我们可以排除来自其他地级市的城市商业银行对本地级市的直接影响,使得我们可以把地级市作为受政策影响的研究单位,利用双重差分方法来估计其经济效果。第三,城市商业银行的联合重组、跨区域扩张与上市,增加了银行业之间的竞争。一方面,通过联合重组与上市等,资产规模迅速扩张,城市商业银行的资产占商业银行的比例从 2003 年的 5.2% 增长至 2017 年的 15.8%。另一方面,允许城市商业银行跨区域经营,使得一个城市出现多家城市商业银行成为可能,城市商业银行之间的竞争更加激烈。因而,中小企业,尤其是民营企业更有可能从城市商业银行获得贷款,其贷款规模可能更大,利率也可能更低。城市商业银行对中小民营出口企业成长的促进作用也可能增加。第四,地方政府可能在城市商

---

①　《尚福林在 2015 年全国城商行年会上的讲话》,中国政府网 2015 年 9 月 23 日,http://www.gov.cn/zhengce/2015-09/23/content_5046018.htm。

②　《2021 年银行业总资产、总负债(季度)》,中国银保监会网站 2022 年 2 月 11 日,https://www.cbirc.gov.cn/cn/view/pages/ItemDetail.html?docId=1018522&itemId=954&generaltype=0。

业银行的发展中发挥了比较重要的作用,这意味着城市商业银行对国有企业信贷可得性的促进作用可能大于其对民营企业信贷可得性的促进作用。

2.3　中国的劳动保护政策

2.3.1　《劳动合同法》的实施背景与特征

从 1949 年新中国成立至 2008 年实施《劳动合同法》,中国的劳动力市场发生了巨变。1949 年至 1978 年改革开放前夕,中国实行计划经济,几乎所有企业都是国有的,工人由政府分配到各个企业。在此期间,大部分工作都是终身制的"铁饭碗",员工不需要担心失业问题。这一机制的不足之处在于,过于稳定的就业关系不利于调动工人工作的积极性与自主性。1978 年改革开放之后,私有部门蓬勃发展,从而产生了对工作勤勉、工资低廉且富有积极性的工人的大量需求。随着农业劳动力流向城市转变成工人,以及工人从国有企业辞职并加入私有部门,中国开始形成真正的劳动力市场。为促进这一转变,中国在 1994 年颁布了《中华人民共和国劳动法》(简称《劳动法》)。《劳动法》确定了劳动者的一系列合法权利;它还允许企业根据变化的经济状况对工人进行无过失解雇,从而增加了就业的灵活性。不过,《劳动法》的主要目的是减少国有企业的低效率问题,而不是保护劳动者的合法权利(Zheng,2009);《劳动法》的实施也很不完善(Brandt and Rawski,2008)。到了 20 世纪末,尤其是到了 21 世纪初,劳动者缺乏有效保护所带来的问题越来越突出。不少企业随意地削减员工工资、拖欠工资、解雇员工、不提供社会保险等员工福利、让员工暴露在没有任何保护的危险工作环境中,等等。更重要的是,一些企业拒不签订劳动合同,工人因此在自己的合法劳动权利受到损害时就无法获得法律的有效保护。劳动者合法权益受到损害所带来的社会问题(罢工甚至违法犯罪)在不少地区时有发生。在此背景下,中国自2008年1月1日起实施了《劳动合同法》。《劳动合同法》具有如下五个特点。

第一,《劳动合同法》规定用人单位与员工应当签订书面劳动合同。第十条规定,用人单位应当自用工之日起一个月内就与员工签订书面劳动合同。第八十二条规定,用人单位如果没有在规定的期限内同员工签订书面劳动合同,需要向劳动者每月支付二倍的工资。

第二,《劳动合同法》明确了员工的福利待遇。第四条规定,用人单位在制定、修改或决定有关劳动报酬、工作时间、休息休假、劳动安全卫生、保险福利、职工培训等事项时,应当经职工代表大会或全体职工讨论,与工会或职工代表平等协商确定。第十七条对劳动合同中劳动者的工作时间和休息休假、劳动报酬、社会保险、劳动保护、福利待遇等进行了明确的要求。第三十八条规定,用人单位未依法为劳动者缴纳社会保险费用时,劳动者可以解除劳动合同。

第三,《劳动合同法》提高了企业解雇员工的成本。第三十九条规定,员工一旦被雇用,用人单位只有在员工的行为严重违规时才能解雇员工。第四十条规定,用人单位不能仅仅因为员工不能胜任工作就解雇员工,只有当员工经过培训或者调整工作岗位仍不能胜任工作时,用人单位才能解雇员工。第四十一条规定,当企业因依法破产、生产经营发生严重困难、转产等需要裁减人员二十人以上或者裁减人员不足二十人但占企业职工总数百分之十以上的,用人单位需向工会或全体职工说明情况,听取工会或者职工的意见后,裁减人员方案经向劳动行政部门报告,可以裁减人员。第四十二条规定,在某些情形下,企业不能单方面解雇员工。

第四，《劳动合同法》对集体合同作出了特别的规定。第五十一条规定了集体合同的订立主体、订立内容；第五十二条规定了专项集体合同；第五十三条提出了行业性、区域性集体合同的订立建议；第五十四条明确了集体合同的生效要件；第五十五条阐明了集体合同与劳动标准、劳动合同之间的关系；第五十六条给出了用人单位违反集体合同时的救济手段。

第五，《劳动合同法》强化了对长期员工的保护。第十四条规定，劳动者在同一用人单位连续工作满十年的，当劳动者提出或同意续订、订立劳动合同的，应当订立无固定期限劳动合同（除劳动者提出订立固定期限合同外）。第四十一条规定，用人单位裁减人员时，应当优先留用与本单位订立无固定期限劳动合同的员工。

总的说来，《劳动合同法》显著地提高了对劳动者的保护。经济合作与发展组织（OECD）在 2012 年的调查显示，中国对就业保护的严格程度在 46 个国家中排名第 4。[①]

2.3.2　最低工资制度的实施背景与特征

为了适应社会主义市场经济发展的需要，保护劳动者个人及其家庭成员的基本生活和劳动者的合法权益，促进劳动者素质的提高和企业公平竞争，1993 年 11 月，劳动部发布了《关于印发〈企业最低工资规定〉的通知》。该通知明确规定，国务院劳动行政主管部门对全国最低工资制度实行统一管理；省、自治区、直辖市人民政府劳动行政主管部门对本行政区域最低工资制度的实施实行统一管理。最低工资率在国务院劳动行政主管部门的指

---

① https://stats.oecd.org/viewhtml.aspx?datasetcode＝EPL_OV&lang＝en.

导下,由省、自治区、直辖市人民政府劳动行政主管部门会同同级工会、企业家协会研究确定。最低工资率一般按月确定,也可按周、日或小时确定。劳动部和人事部重点介绍了国际上通行的确定最低工资率的两种方法:比重法和恩格尔系数法。比重法根据城镇居民家计调查资料,确定一定比例的最低人均收入户为贫困户,统计出贫困户的人均生活费用支出水平,乘以每一就业者的赡养系数,再加上一个调整系数。恩格尔系数法根据国家营养学会提供的年度标准食物食谱及标准食物摄取量,结合标准食物的市场价格,计算出最低食物支出标准,除以恩格尔系数,得出最低生活费用标准,再乘以每一就业者的赡养系数,最后加上一个调整数。由以上方法计算出最低工资率后,再根据当地职工平均工资水平、社会救济金和待业保险金标准、就业状况、劳动生产率水平和经济发展水平等进行必要的修正。

1994 年 7 月第八届全国人民代表大会常务委员会第八次会议通过了《中华人民共和国劳动法》,确立了最低工资的法律地位。但实施之初,《劳动法》只在部分城市和地区得到了执行,1995 年全国仅约 130 个城市实行了《劳动法》的规定(马双、甘犁,2013)。2004 年 1 月,劳动和社会保障部通过了《最低工资规定》,将最低工资制度推广至全国。2004 年年底,全国 31 个省、自治区和直辖市都建立了最低工资制度,采用月最低工资标准(马双、甘犁,2013)。

2.4 中国的环境规制政策

2.4.1 中国环境规制政策的制定历程

新中国成立之初,大力发展经济是首要任务,全国范围的环境保护尚未被提上议事日程。这一阶段是中国环境保护的萌芽阶段,主要实施了初期治理黄河工程、荆江分洪工程、官厅水库工程等水利工程建设,建立全国第一个自然保护区——广东肇庆鼎湖山自然保护区。1972 年联合国人类环境会议对中国环境保护事业起到了重要的催化作用。1973 年 8 月,国务院召开第一次全国环境保护会议,将生态环境保护提上国家重要议事日程,确定"全面规划,合理布局,综合利用,化害为利,依靠群众,大家动手,保护环境,造福人民"的环境保护 32 字工作方针,讨论通过中国第一个生态环境保护文件——《关于保护和改善环境的若干规定(试行草案)》,会后制定了中国第一项生态环境保护标准《工业"三废"排放试行标准》。至此,中国生态环境保护事业正式起步。①

改革开放 40 多年来,中国的环境政策经历了巨大发展。分具体阶段来看,中国的环境政策主要发生了以下变化。

1978—1995 年间,中国环境保护从启蒙期进入起步发展时期,初步明确了环境保护在社会经济发展中的地位和作用。在这十几年间,中国环境保护机构从 1971 年的环境保护办公室发展至 1988 年的国家环境保护局(简称"国家环保局")。国家环保局的成立说明环境管理成为国家的一个独立工作部门。在法律体系建设方面,1978 年,中国第一次在宪法中对环境保护作出"国家保护环境和自然资源,防治污染和其他公害"的规定,为中国环境法制建设和环境保护事业的发展奠定了基础;另外,确立了一系列环境保护方面的法律法规,初步构成了中国环境保护的法律框架。自此,环境保护法律法规开始成为中国环境保护工作的重要保障以及社会主义法律体系的重要

---

① 生态环境部党史学习教育领导小组:《党领导新中国生态环境保护工作的历史经验与启示》,中国气候变化信息网 2021 年 11 月 25 日,https://www.ccchina.org.cn/Detail.aspx?newsId=73945&TId=57。

组成部分。①此外,在"八五"期间,中国明确提出走可持续发展道路,且从具体国情出发,提出可持续发展的总体战略、对策以及行动方案。

"九五"期间,国务院《关于国家环境保护"九五"计划和 2010 年远景目标的批复》(国函〔1996〕72 号)和《关于环境保护若干问题的决定》(国函〔1996〕31 号)提出到 2000 年底 12 种主要污染物排放下降 10%—15% 的目标,明确提出"一控双达标"②的工作思路和"33211"工程③。此次提出实施污染物总量控制计划标志着中国污染物排放管理理念转变为浓度和总量控制双结合。在法律体系建设方面,国家修订了《中华人民共和国大气污染防治法》《中华人民共和国水污染防治法》《中华人民共和国海洋环境保护法》,制定了《中华人民共和国噪声污染环境防治法》《中华人民共和国水污染防治法实施细则》《建设项目环境保护管理条例》等环境保护法规。

"九五"期间,全国主要污染物排放总量控制计划基本完成。基于此,"十五"期间进一步确立了环境保护目标:到 2005 年,二氧化硫、尘(烟尘及工业粉尘)、化学需氧量、氨氮、工业固体废物等主要污染物排放量比 2000 年减少 10%。然而,"十五"期间的总量控制计划并未完成,并且二氧化硫排放总量控制目标不降反升。

"十一五"期间,国家在制定污染物总量控制指标的同时,在综合考虑各地环境质量状况、环境容量、排放基数等因素的基础上将各指标划分到各个

---

① 其间颁布的法律有:《中华人民共和国环境保护法(试行)》(1979 年)、《中华人民共和国水污染防治法》(1984 年)、《中华人民共和国草原法》(1985 年)等。

② "一控"是指污染物总量控制,即到 2000 年底,各省、自治区、直辖市要使本辖区主要污染物的排放量控制在国家规定的排放总量指标内。"双达标"是指:第一,到 2000 年底,全国所有的工业污染源要达到国家或地方规定的污染物排放标准;第二,到 2000 年底,各环保重点城市的空气和地面水按功能区达到国家规定的环境质量标准。

③ "33211"工程指水污染防治重点抓三河(淮河、辽河、海河)、三湖(太湖、滇池、巢湖),大气污染防治重点抓"两控区"(二氧化硫污染控制区和酸雨控制区),城市环境保护重点抓北京市,海洋环境保护重点抓渤海。

省,再由省分解落实到市(地)、县,最后落实到排污单位;同时,为了确保实现计划目标,将各地减排情况纳入官员晋升考核体系。在严格的划分下,"十一五"污染物减排控制计划顺利完成。此外,为实现经济建设和环境保护的协调发展,国家出台了绿色信贷政策、绿色保险政策、绿色证券政策以及开展排污权有偿使用和交易试点等环境经济政策。

"十一五"污染物排放总量控制计划得以顺利实施,并且"十二五"期间也实施了类似的污染物排放控制计划:将二氧化硫、化学需氧量的排放控制目标划分到各个省,再由省分解落实到市(地)、县、排污单位。此外,国家发改委等多部委还制定了《万家企业节能低碳行动实施方案》,明确提出在"十二五"期间,由政府扶持、监管万家企业实现节约能源 2.5 亿吨标准煤的目标。①

"十三五"期间,经济社会发展不平衡、不协调、不可持续的问题仍然突出。在此背景下,2016 年,国务院印发了《"十三五"生态环境保护规划的通知》与《控制污染物排放许可制实施方案的通知》,修订了《中华人民共和国海洋环境保护法》与《中华人民共和国固体废物污染环境防治法》;2017 年,修订了《中华人民共和国水污染防治法》;2018 年,审议通过了《中华人民共和国土壤污染防治法》;2020 年,审议通过了进一步修订后的《中华人民共和国固体废物污染环境防治法》。

"十四五"期间,为实现碳达峰、碳中和,国务院于 2021 年出台了《关于完整准确全面贯彻新发展理念做好碳达峰碳中和工作的意见》与《"十四五"节能减排综合工作方案》;为落实好从事污染防治的第三方企业所得税优惠政

---

① 万家企业指年综合能源消费量 1 万吨标准煤以上以及有关部门指定的年综合能源消费量 500 吨标准煤以上的重点用能单位。数据来源于《万家企业节能低碳行动实施方案》,http://www.nea.gov.cn/131335328_31n.pdf。

策,中国于 2021 年出台了《关于落实从事污染防治的第三方企业所得税政策有关问题的公告》。有毒有害化学物质的生产和使用是新污染物的主要来源,为加强新污染物治理,切实保障生态环境安全和人民健康,国务院于 2022 年印发了《新污染物治理行动方案的通知》。

自改革开放以来,中国坚决向污染宣战,全力推进大气[①]、水、土壤污染防治,持续加大生态环境保护力度。经过 40 多年的发展,目前中国基本形成了较为完善的生态环境政策体系,对生态环境保护事业的发展起到了重要的保障作用。

2.4.2 中国环境规制政策的特征

结合上述对中国环境政策制定历程的梳理,可以总结出中国环境政策主要有以下四个典型特点。

第一,充分利用行政命令控制手段。行政命令控制型的环境政策是指政府环保部门对污染行为进行某种直接控制,包括标准、命令和禁令。充分利用命令控制手段是中国的环境政策中最为突出的特征。例如,中国制定了一系列污染物的排放标准以及生态保护红线等制度。

第二,明确承担保护环境责任的主体。《中华人民共和国环境保护法》第十六条规定,"地方各级人民政府,应当对本辖区的环境质量负责,采取措施改善环境质量",从法律上明确了责任(张坤民等,2007)。[②]理论上,明确保护环境的责任承担方,有助于督促各级政府承担责任,更好地完成环境保护

---

① 大气污染防治行动计划实施过程中要以雾霾频发的特大城市和区域为重点,以细颗粒物(PM2.5)和可吸入颗粒物(PM10)的治理为突破口。

② 1992 年的《中国环境与发展十大对策》中,进一步明确了各级政府保护环境的责任。

的任务。

第三,采用适宜的经济激励手段。为了实现经济建设和环境保护的协调发展,中国自 2007 年开始陆续出台了一系列环境经济政策。环境经济政策属于一种依托市场机制解决环境政策的规制手段。以绿色信贷政策为例,该政策的实施使得金融部门将环境因素纳入企业征信和项目管理的框架中来,为绿色项目倾斜更多的信贷资源(斯丽娟、曹昊煜,2022),从而实现在经济发展的同时考虑到环境问题,真正做到两者之间的协调发展。

第四,鼓励做到源头治理。20 世纪 90 年代之前,中国的污染治理基本以末端治理为主。末端治理治标不治本,并不是科学的治理方式。1997 年国家环保局发布《关于推行清洁生产的若干意见》,标志着中国的污染治理开始进入了源头治理。2012 年颁布的《中华人民共和国清洁生产促进法》和 2016 年颁布的《控制污染物排放许可制实施方案的通知》等都充分表明了这一点。

第3章 政策环境影响企业出口的理论分析

本章主要对政策环境影响企业出口的理论进行简要回顾，为后续实证分析提供理论基础。具体包括新古典贸易理论、新贸易理论，以及新新贸易理论。

3.1 比较优势理论

3.1.1 技术的比较优势理论

李嘉图（Ricardo，1817）基于两个国家、两种产品、一种生产要素的简单模型，从劳动生产率相对差异所带来的生产成本差异角度（技术的比较优势理论），解释了国际贸易的产生原因与影响。这一模型对贸易模式进行了准确的推断：两国出口自身具有比较优势的产品，进口自身没有比较优势的产品。此时，国际贸易通过"专业化生产与分工所得"和"交换所得"两个机制改善了两国的福利水平，其中前者源自生产要素在生产领域更有效率的配置，后者源自产品在消费领域更有效率的配置。

3.1.2　要素禀赋比例的比较优势理论

　　李嘉图基于技术的比较优势理论认为,劳动是创造价值与使得产品生产存在差异的唯一因素。在劳动是主要的生产要素的资本主义发展早期,这一假设基本符合现实,但随着资本主义的发展,尤其是工业革命的到来,资本在生产中的作用与日俱增。因此,现实经济中,产品生产成本差异以及进而导致的价格差异,既可能源自劳动价格(即工资)的差异,也可能源自资本价格(即利率)的差异,以及劳动与资本使用比例(即要素密集度)的差异。而基于技术的比较优势理论忽视了这些因素。此外,因为由于基于技术的比较优势理论假设只有劳动这一种生产要素,因此无法解释贸易在现实中产生的再分配效应。

　　赫克歇尔(Heckscher,1919)与俄林(Ohlin,1933)基于两个国家、两种产品、两种生产要素的简单模型,从两国要素禀赋比例差异与两种产品生产中使用的要素比例差异这两个角度,解释了国际贸易产生的原因与影响,也就是要素禀赋比例的比较优势理论。在这个模型中,决定两国生产模式与贸易模式的基础仍然是产品生产成本中的比较优势,不过这一比较优势是由两国要素禀赋比例与两种产品生产中使用的要素比例差异决定的,而不是由技术差异决定的。这一模型对两国贸易模式进行了准确的推断:资本相对充裕国家出口资本密集型产品,而劳动相对充裕国家出口劳动密集型产品。不仅如此,因为引入了两种生产要素,这一模型还能够很好地解释贸易带来的分配效应:在出口产品生产中密集使用的一国相对充裕要素的报酬在参与国际贸易后会提高,而在进口产品生产中密集使用的一国稀缺要素的报酬在参与国际贸易后会降低。这一理论有助于解释为什么一些要素所有者支持贸易保护而另外一些要素所有者支持自由贸易,从而进一步增加比较优势理论的现实解释力。

不仅如此,要素禀赋比例的比较优势理论还极大地拓展了比较优势理论的研究视野。按照这一理论逻辑,只要两国在某两种生产要素的禀赋比例上存在差异,且两种产品生产中使用的要素比例存在差异,两国在同一种产品的生产成本上就可能存在差异,进而两国同一种产品的相对价格也可能存在差异,也就产生了通过贸易增进两国社会福利的机会。在此基础上,就可以构建各种有关制度的比较优势理论(Nunn and Trefler,2014)。

要素禀赋的比较优势理论为本书第 6 章实证地研究劳动保护与企业出口之间的关系提供了理论依据。改革开放以来,中国依靠劳动力成本的比较优势实现了高速增长。按照比较优势理论,《劳动合同法》带来的劳动力成本上升会削弱中国在劳动密集型行业上的比较优势,进而通过降低民营企业的雇用人数(与长期雇用人数)给民营企业的出口概率与出口额带来负向影响。第 6 章将对比较优势理论下的这一劳动力成本机制进行检验。

要素禀赋比例的比较优势理论也为本书第 7 章实证地研究环境规制政策与企业出口之间的关系提供了理论依据。二氧化硫减排目标会提高减排比例较高地区二氧化硫排放密集度较高行业中的企业的生产成本,进而对其出口额产生负向影响。

3.2　新贸易理论

3.2.1　规模经济与不完全竞争理论

比较优势理论从国家之间在不同产品生产技术上的相对差异、国家之间要素禀赋比例的差异与产品之间要素密集度差异的角度,解释了国际贸易产生的原因。然而,该理论无法解释为什么技术相似或要素禀赋比例相近的国家之间会进行产业内贸易。新贸易理论(New Trade Theory)从产品差异化、内部规模经济和不完全竞争角度补充了这一不足(Krugman,1979,1980)。其基本逻辑是:生产过程中存在内部规模经济——这意味着为充分利用规模经济,一国应增加单一产品产量而不是产品种类;而消费者偏好产品种类多样化——这意味着为满足消费者需求,一国应增加产品种类而不是单一产品产量。这样,封闭经济下,生产过程中的内部规模经济与消费者对产品种类多样化的偏好就构成了一对矛盾。而国际贸易有助于缓解二者之间的矛盾:一方面,国际贸易带来的产品市场规模增加,使得两国可以增加产品产量,从而更好地利用规模经济,降低产品的市场价格(即"促进竞争效应"机制);另一方面,国际贸易增加了两国消费者可消费的产品种类,使得两国消费者的偏好得到更充分的满足(即"增加产品种类效应"机制)。可见,根据新贸易理论,国际贸易通过"促进竞争效应"与"增加产品种类效应"两个机制改善了两国福利。

3.2.2　战略性贸易理论

20 世纪 80 年代以来,一些经济学家基于新贸易理论,提出了"战略性贸易政策理论"(Strategic Trade Theory),试图为产业政策寻找微观理论基础,并以此来解释"东亚的奇迹"。"战略性贸易政策理论"提出,当某个行业存在规模经济时,这个行业会因为企业数量较少而出现不完全竞争。不完全竞争的结果是,行业中存活下来的企业可以获得垄断利润。这样,如果一个国家能够通过某些可置信的承诺或行为将其他国家的竞争对手挤出该行业获取这些垄断利润的话,则可以提高本国的收入水平。Brander 和 Spencer(1981,1985)的研究证明了政府的研发、出口和投资补贴,以及进口管制可以起到打击竞争对手、支持本国生产者率先进入某些特定行业的作用,进而实现利润从国外企业到本国企业的转移,增进本国生产者与消费者的福利水平。

规模经济不仅可能存在于企业内部(即内部规模经济),也可能因为学习效应、知识外溢、劳动力市场共享与专业化的供应商而存在于企业间(即外部规模经济)。当存在外部规模经济时,行业的平均生产成本会随着产量的增加而递减。考虑在同一个行业中进行生产的两个国家 A 和 B,假设 B 国的平均成本曲线在 A 国之下,但由于某些历史原因,A 国率先进入了该行业,并在较低的平均成本 P_A 上进行生产。而由于该行业存在外部规模经济,B 国进入该行业所面临的初始平均成本 P_B 大于 P_A;因此,虽然 B 国的平均成本曲线在 A 国之下,在市场条件下,B 国不会进入该行业进行生产。但是,如果 B 国对该行业进行补贴的话,由于 B 国相比 A 国在该行业中具有更大的规模经济,B 国最终能够以低于 A 国的平均价格将 A 国生产者挤出该市场,以获得垄断利润。如果这一垄断利润大于补贴支出,则可以通过补贴性的产业政策增加本国福利水平。

以新贸易理论为基础,Harrison 和 Rodríguez-Clare(2010)认为政府应该扶持那些具有马歇尔外部性,但由于存在协调问题而发展不够的具有"潜在比较优势"(latent comparative advantage)的行业。这一研究为产业政策的合理指向提供了理论依据,但在现实中要度量行业的潜在比较优势并不容易。产品空间理论为行业潜在比较优势的度量提供了一种思路(Hausmann and Klinger,2007;Hidalgo et al.,2007):任意两种产品之间的联系程度,可能随生产它们所需要的资本、技能、技术、知识与制度投入等生产要素相似程度的不同而不同;所有两两配对的产品之间联系程度的全集就构成了产品空间。如果与一种产品联系程度比较紧密的其他多数产品在本地也具有比较优势,我们称该产品与当地生产性结构或产品空间比较匹配(Hausmann and Klinger,2007;Hidalgo et al.,2007;Poncet et al.,2015)。根据 Hausmann 和 Klinger(2007)、Hidalgo 等(2007)以及 Poncet 等(2015)的研究,如果一种产品或一个行业同本地产品空间的联系比较紧密,意味着生产该产品所需要的资本、技能、技术、知识与制度投入都很容易在本地获得。由此可知,当产业扶持与发展政策指向这些产品时,更容易促进其出口。不过 Hausmann 和 Klinger(2007)、Hidalgo 等(2007)以及 Poncet 等(2015)都未考察政府政策在促进出口中扮演的角色;这样,我们仍无法得知政府应该实施怎样的政策以促进出口增长。战略性贸易理论与产品空间理论为本书第4章实证地研究出口促进产业政策与当地生产性结构之间的匹配程度对出口的影响提供了理论依据。

Krugman(1979,1980)与 Helpman 和 Krugman(1985)的初衷是从规模经济和不完全竞争的视角来解释发达国家之间的产业内贸易,并非反对自由贸易;但战略性贸易政策理论却将新贸易理论引向了支持干预贸易的方向,这在经济学界引起了广泛深入的讨论。战略性贸易政策理论主要面临着如下四个方面的理论与实践上的挑战。

首先,规模经济和不完全竞争是战略性贸易政策理论的关键假设,但这一假设在现实经济中不一定成立。Yang 和 He(2014)使用了可以同时处理联立性与选择性偏差问题的 Olley-Pakes 方法(Olley and Pakes,1996),对1998—2007 年中国制造业 29 个两位数行业企业层面的生产函数进行了细致估计。作者发现只有六个行业是规模报酬递增的,其他行业都是规模报酬不变或规模报酬递减的。如果规模经济与不完全竞争这一关键假设在现实经济中并不满足,那么建立在该基础之上的战略性贸易政策理论就很可能难以成立了。

其次,Brander 和 Spencer(1981,1985)的模型是建立在寡头或垄断竞争的基础之上的,需要假设博弈规则完全确定,并且政府对企业的支付函数拥有完全信息。但实际经济活动中,政府很难知道这些信息。战略性贸易政策理论表明,每个国家都有动机去补贴本国那些具有规模经济与不完全竞争特点的行业,以使它们在国际竞争中获得先动优势,进而代表本国居民攫取国外消费者的消费者剩余。但当所有的国家都采取同样的补贴措施时,就可能出现"囚徒困境"。因而,战略性贸易政策理论的理论含义反倒是,进行贸易往来的各国应该签订贸易协议以禁止类似的补贴行为,防止出现两败俱伤的"囚徒困境"(Ciuriak,2013)。

再次,不能忽略寻租所导致的社会成本。由于生产者与政府部门之间的信息不对称,实际操作中很难界定到底哪些行业具有规模经济。因此,一方面,利益集团可以游说政府补贴那些实质上并不具有规模经济的行业;另一方面,利益集团也可能通过寻租使其获得的实际补贴收入大于垄断利润,损害经济中其他人的利益。当然,还存在着一种更严重的情形:干预政策有可能引致更多的寻租企业进入这一行业,此时干预政策所带来的利益会被企业数量增加造成的规模缩小所带来的成本增加而抵消。

最后,不能忽视产业政策对其他行业造成的不利影响。鼓励或保护某个特定行业发展的产业政策可能会使得该行业迅速扩张,但这也可能提高其他生产部门所需投入品价格,从而对其他未受鼓励行业或上下游行业产生不利影响。考虑这种一般均衡效应以后,产业政策甚至可能给整个社会福利带来净损失。Baldwin(1992)运用数值模拟方法发现,巴西政府补贴运输机出口欧洲和美国市场给整个社会福利带来了净损失。Blonigen(2016)

对 1995—2000 年钢铁行业的跨国研究表明,出口补贴和非关税壁垒每增加一个标准差,平均说来会使得下游使用钢铁的生产部门出口竞争力下降 3.6%;对于那些使用钢铁最为密集的行业而言,出口竞争力下降高达 50%。

3.3 新新贸易理论

3.3.1 异质性企业理论

新贸易理论的同质性企业假设使得它无法解释为什么同一国家同一细分行业中的有些企业出口而另外一些却不出口。新新贸易理论(New-New Trade Theory)在新贸易理论的基础上引入企业生产率的异质性[①],并假设企业进入出口市场需要支付固定成本,因此只有生产率足够高的企业才能出口,成功地弥补了这一不足(Melitz,2003)。该模型首先解释了贸易开放之后,为什么只有高生产率企业会进入出口市场,中等生产率企业只在国内销售,而低生产率企业会退出市场;然后解释了为什么进一步的贸易开放会使得生产要素朝高生产率企业配置——这样一来,即便每个企业的生产率都没有增长,贸易开放所带来的资源在企业间的这种再配置也会使行业加权平均的生产率增加。可见,"资源再配置"是国际贸易改善一国福利的一种新机制。

新新贸易理论为本书第 6 章实证地研究劳动保护与企业出口之间的关系提供了理论依据:如果《劳动合同法》降低了企业生产率,就会给民营企业

---

① 这一理论因此也被称为"异质性企业理论"。

的出口带来负向影响。从理论与实证上来看,《劳动合同法》的实施确实可能降低民营企业生产率。一方面,在企业层面,《劳动合同法》中的无固定期限劳动合同、集体合同、解雇成本等相关条款的实施,会削弱企业依据项目实际运行情况配置人力资源的灵活性,降低劳动力的流动性,提高人工成本黏性,而企业雇用劳动力的这些摩擦的增加会降低企业的生产效率(Cooper et al.,2018;刘媛媛、刘斌,2014;Hopenhayn and Rogerson,1993)。另一方面,在员工层面,《劳动合同法》降低了员工违约时的惩罚力度与失业风险,会产生保护偷懒者效应,不利于员工工作积极性与工作效率的提高(张五常,2009;Suedekum and Ruehmann,2003)。第 6 章将对新新贸易理论下的这一生产率机制进行检验。

3.3.2 融资约束理论

相关文献在异质性企业理论的基础上,进一步从出口固定成本与融资约束差异等角度解释了为什么一国同一个细分行业中的有些企业出口而另外一些企业不出口。首先,出口贸易需要投入特定的成本。出口企业需要搜寻国际市场需求信息,并建立全球分销网络;相比国内贸易,国际市场距离更加遥远,运输成本更高(Melitz,2003)。因而,只有流动性足够充裕的企业才支付得起进入国际市场所需的固定成本与可变成本(Minetti and Zhu,2011)。其次,出口贸易有更长的汇款时滞。由于国际市场距离更远,出口企业生产和收款之间存在较长的时滞,使企业对营运资本的融资需求更大(Feenstra et al.,2014)。再次,出口贸易的经营风险更高。由于目的地经济波动、政策变化和汇率频繁变动,出口企业面临的经营风险以及银行面临的违约风险相应增加(Amiti and Weinstein,2011)。Chaney(2016)和

Manova(2013)在拓展 Melitz(2003)的异质性企业模型的基础上,从理论上研究了融资约束与企业出口行为之间的关系。这两个模型建立在如下两个相同的假设基础之上:(1)由于进入国际市场之前需要支付一笔相当大的固定成本,只有流动性足够充裕的企业才能出口;(2)由于国际交易中的不确定性,出口企业难以在事前用未来的国外销售收入进行抵押来获得贷款。在此基础之上,Chaney(2016)和 Manova(2013)的理论都推断融资约束会降低企业的出口概率。

　　融资约束理论为本书第 5 章实证地研究地方金融发展与中国企业出口之间的关系提供了理论上的依据。Chaney(2016)在 Melitz(2003)在异质性企业框架下引入了流动性约束:企业进入出口市场需要支付固定成本,如果企业在为这些固定成本融资时面临融资约束,则企业即使生产率高到在出口市场获得非负利润也不一定能出口,还需要流动性足够充裕才能实现出口。因此,那些因为生产率足够高而能从国内市场销售中获得比较高的利润的企业,以及那些流动性较为充裕的企业,相比其他企业而言更有可能成为出口企业。可见,以城市商业银行为代表的地方金融发展如果降低了当地民营企业的融资约束,就会促进当地民营企业的出口。Manova(2013)推断,相比外部融资依赖程度较低的行业,外部融资依赖程度较高的行业中的企业进入国际市场的生产率门槛值更高,即这些行业中的企业更难以进入出口市场;金融发展使得外部融资依赖程度较高行业中的企业生产率门槛值的下降幅度更大,即金融发展对外部融资依赖程度较高行业中企业出口的促进作用更大。可见,以城市商业银行为代表的地方金融发展对外部融资依赖程度较高行业中民营企业出口的促进作用,大于其对外部融资依赖程度较低行业中民营企业出口的促进作用。本书第 5 章将对这一推论进行检验。

第 4 章　产业政策与中国企业出口

4.1　引言

中国是采用区域倾斜政策的典型国家。从 1979 年开始,中国各级政府建立了大量经济特区作为国际化战略的起点。中国是建立出口加工区①的主要国家之一。2000 年到 2005 年之间,中国政府在不同的地方开设了 57 个出口加工区并给予特定行业一定的税收、关税以及各种土地和知识产权优惠政策(Wang and Wei,2010)。然而大量的文献警示产业政策可能与当地生产结构不一致(Lin,2012;Cai et al.,2011)。产品的生产需要很多不同的能力和生产知识(Hausmann and Hidalgo,2011),如果建立的出口加工区与当地已有的生产知识不同,会使生产的产品与当地的能力和资源不能很好地加以匹配,从而限制出口加工区有效促进出口的能力。

---

① 截至 2015 年,全球共有 4 000 余个出口加工区(UNCTAD,2015. *Enhancing the Contribution of Export Processing Zones to the Sustainable Development Goals*. https://unctad.org/system/files/official-document/webdiaepcb2015d5_en.pdf)。

尽管很多人认为中国的出口加工区可以促进出口,但几乎没有经验证据表明行业导向与当地的生产性结构不一致时会造成什么样的影响。本章研究出口加工区的建立对中国出口的影响。为了识别因果关系,我们采用行业层面的数据和每个出口加工区的主导产业的信息来识别行业层面出口加工政策的变动对出口促进的直接影响,并进一步研究其影响是否取决于生产所需的能力和资源在当地的可获得性。

本章的贡献主要有两个方面。首先,补充了中国地区优惠政策的有效性方面的研究(Wang,2013;Schminke and Van Biesebroeck,2013;Alder et al.,2013;Cheng,2014)。①一些文章研究了出口加工区的影响但主要考虑的是对当地经济增长的影响。本章将没有受到特殊政策影响的地区作为控制组,探讨了不同时间和地区建立出口加工区产生的影响。但是出口加工区的选址可能并非外生性的,因为政府在选择 57 个出口加工区时可能根据出口潜力"挑选赢家",使得出口加工区与出口之间的关系为正,从而可能影响估计结果的可靠性。

本章的分析基于地区—行业层面。我们利用当地政府优先发展出口加工活动的行业②信息,检验与建立出口加工区之前以及与作为非重点发展行业相比,当地政府重点发展的行业在建立出口加工区之后,是否会增加出口。由于内生性问题会妨碍宏观层面对产业政策的评估(Harding and Javorcik,2011),通常采用双重差分法可以解决这一问题。我们加入了地区层面随时间变动的固定效应控制当地禀赋和地区行业层面可能影响出口表现的其他随时间变动的不可观测效应。在我们的主要回归模型中,还加入城

---

① Schminke 和 Van Biesebroeck(2013)研究了经济技术开发区(ETDZs)和科技产业园区(STIPs)对出口促进的影响。

② 我们的设定与对外直接投资(FDI)方面的文献相似,研究国家内部行业层面的变动来识别促进 FDI 的政策影响。

市一年份固定效应、行业一年份固定效应和城市一行业固定效应,也就是说我们的分析集中在城市一行业内部的变动,检验当地政府重点发展的行业在建立出口加工区之后,与建立出口加工区之前以及与作为非重点发展行业相比是否会增加出口。出口加工优惠政策旨在帮助企业更加国际化,我们通过企业的出口增长来评估出口加工政策的有效性。Schminke 和 Van Biesebroeck(2013)采用企业的海关数据评估技术开发区的影响。我们采用相似的方法;区别在于,他们的估计基于开发区内的新企业和位于开发区外的进入者之间的比较,而我们采用行业层面的数据比较出口加工区成立之前和成立之后的出口表现,这是识别策略的关键。

其次,我们研究了出口加工区的绩效是否取决于他们关注的行业与当地比较优势的一致性。与一系列文献类似,我们衡量了出口加工活动和当地生产结构的匹配程度所带来的收益。我们估计当地资源和能力的可获得性会对政策效果产生正向影响(Crozet and Trionfetti,2013;Lin,2012;Hausmann and Klinger,2007;Hidalgo et al.,2007)。[①]Poncet 和 de Waldemar(2013)使用中国出口商的数据发现与当地出口的一揽子产品相似的产品在企业的一系列出口产品中更具有比较优势。这个发现可用规模经济、范围经济和从产品间的联系中所得到的知识溢出来解释。由此,在本章中,我们考虑了出口活动和当地生产结构的一致性程度与产业政策的效果之间的关系。我们的研究也警示了忽视当地生产条件的"一刀切"政策的不可取(Kali et al.,2013;Lin,2012;Cai et al.,2011)。Cai 等(2011)是较早研究这一问题的学者,关注关税和税收干预政策对中国企业全要素生产率(TFP)的影响是否取决于当地的初始条件[比如科学研究与试验发展(R&D)、技术和产业密集

---

① Crozet 和 Trionfetti(2013)的研究表明,国家层面的比较优势可以解释产业内的相对表现。

度]。我们的关键指标反映了主导产业与当地生产结构之间的关联程度。我们使用国际上产品之间的内在关联度来构建,因而不具有内生性。①因此即使出口加工区的成立地区与主导产业的选择对经济活动而言并非外生性的,我们仍然可以识别出口加工政策与出口活动之间的因果关系。一个地区不同行业同当地生产性结构之间的一致性程度会存在差异,我们预期当出口加工区重点发展的行业同当地生产性结构之间的一致性程度更高时,产业政策的出口促进效果会更大。通过关联度指数,我们可以识别出口加工区政策对不同行业的这种差异性影响。我们的识别策略利用了三重差异:第一重差异是出口加工区成立前后;第二重差异是主导产业和非主导产业;第三重差异是关联度高的行业和关联度低的行业。

使用 1998—2007 年间中国工业企业调查数据库中行业层面的数据,我们发现出口加工区实施的出口促进政策的效果取决于被扶持行业与当地比较优势之间的相关性。在实施出口加工区政策之后,如果加工区的主导产业与当地的生产性结构联系紧密,该行业的出口会相对增加。结果表明,当地已有的生产性知识会扩大产业政策的效果。这一结论与 Cai 等(2011)中的结果一致:当政策针对的是当地有比较优势或潜在比较优势的行业时,关税或税收干预政策会比较成功。

本章的主要结论在一系列的稳健性检验中仍保持不变。这些检验包括事前同趋势检验,排除特定地区样本或特定行业样本,或者控制重点行业和非重点行业之间差异的其他代理变量与关键解释变量之间的交互项等。

本章余下部分的安排如下:第 4.2 节讨论出口加工政策,第 4.3 节描述

---

① 这个计算需要借助 Hausmann 和 Klinger(2007)以及 Hidalgo 等(2007)提到的"产品空间"(product space)这一概念。产品空间表示在全球市场上交易的产品之间相关性的网络。我们使用 Hidalgo 等(2007)基于全球产品之间联合出口概率构建的两种产品之间的邻近度这一指标,该指标与中国各地区的出口不相关,具有外生性。

数据和构建变量,第 4.4 节进行实证分析并进一步讨论内生性问题和因果效应,第 4.5 节检验本章结论的稳健性,第 4.6 节总结。

4.2 出口加工区

2001 年中国加入 WTO 之后,加工贸易监管变得更加严格。为此,中国开始建立出口加工区并在这些区内重点发展加工贸易。出口加工区内的出口加工活动可以享受额外的优惠(Feenstra et al.,2013)。从境外进入加工区内的进口货物,其进口关税和进口环节税可按规定予以免税或保税。企业加工产品不征收增值税和消费税,也不用支付公共基础设施税。其目标是对出口产品征收零出口税,从而使出口产品在到达进口国的消费者手中之前可以避免双重征税。除此之外,区内的企业可享受优惠的土地价格、直接补贴和更加有效率的营商环境,比如区内海关提供的 24 小时服务。

中国在 2000—2005 年间一共建立了 57 个出口加工区。2000 年 4 月,国务院首先批准建立 15 个出口加工区;随后分别在 2001 年、2002 年、2003 年和 2005 年建立了 3 个、8 个、13 个和 18 个加工区,遍布 23 个省份,其中江苏省拥有最多的出口加工区(2005 年有 13 个)。

每个出口加工区都有重点发展的行业。官方文件中列出了区内优先发展的一些出口加工活动,因此经营主导产业的企业更容易进入出口加工区。虽然大部分已有的出口加工区优先发展电子行业,但在不同加工区优先发展的产业会有差异。在所有出口加工区内优先发展的产业并不一定与当地的比较优势相关,也不一定有更高的出口潜力。这与通常看法一致,产业政策指向需要考虑多方面因素(Harding and Javorcik,2012)。官方文件中选择的优先发展行业不一定是当地出口前景最好的行业。我们对此进行了检验，结果表明我们的假设合理。为了检验识别假设的正确性，我们进行了一系列稳健性分析，包括检验事前同趋势假设与估计政策的长期影响。

一个地区内出口加工区的优惠政策可以惠及主导产业中的所有企业。虽然政府可能给予出口加工区内主导产业中的企业额外的补贴，但是关键问题是企业如何进行选择。如果企业的经营活动与主导产业一致，企业更可能进入出口加工区，从而享受更多的优惠。

我们使用中国海关数据库发现，出口加工区内的活动与所列出的优先发展的行业高度相关。利用中国海关数据库，我们计算出各个城市四位数行业层面来自出口加工区内与出口加工区外的出口额。结果得出，主导产业的出口占到加工区总出口的 3/4。2007 年，出口份额的中位数是 91%。这与同一城市非出口加工区内这些产业的出口份额形成了鲜明对比。2007 年，主导产业在非出口加工区出口份额的平均值和中位数分别为 0.51 和 0.49。平均而言，2007 年出口加工区内主导产业相对于非主导产业的出口份额是非出口加工区内的 1.7 倍。这表明出口加工区对其主导产业的选择是有效的。

在超过 1/4 的出口加工区中，主导产业的出口占到总出口的 99% 以上。这表明经营主导产业的企业更容易进入出口加工区。在一个城市中，与非主导产业相比，主导产业受到出口加工区的影响会更多。我们认为出口加工区政策对不同行业的影响大小取决于该行业在新建立的出口加工区内经营的可能性。因此，我们的估计策略识别了出口加工区的政策效果和行业关联度对扩大出口的影响。我们使用行业是否属于主导产业来识别行业在政策中的暴露程度。

一个地区的出口加工政策可以通过以下途径促进出口。第一，优惠政策可以吸引外地企业，已有企业为了利用加工区内便利的融资和服务条件，会搬迁至出口加工区。①进入出口加工区之后,搬迁企业的出口增加会使得当地出口增加。出口加工区还可以通过对区外企业溢出来增加当地的出口。这一途径是通过投入产出相联系的。出口加工区内的企业更可能购买当地的中间产品,因为这一方面可以节约搜寻与匹配成本,另一方面可以节约运输成本。需要注意的是,由于出口加工区不受管辖的性质,从非出口加工区企业到出口加工区企业的销售可以视为非出口加工企业的出口。第二,国外投资企业主要从出口加工区进口,从而可以促进技术从外资企业转移到国内企业。这主要通过技术劳动力的流动将技术溢出到周边企业(Blonigen and Ma,2010;Hale and Long,2011)。第三,区内企业可以从跨国企业的出口经验中获益,主要包括信息外部性、成本共享的机会和出口市场的联合行动(Li and Liu,2014;Mayneris and Poncet,2015)。②

4.3　数据和指标

4.3.1　出口加工区的建立和主导产业

我们采用了国家发展和改革委员会官方公布的 57 个出口加工区的名单。这些出口加工区位于 4 个直辖市(北京、天津、上海和重庆)和 39 个市级

---

①　但是根据已有数据,我们无法识别企业是否在当地出口加工区的边界内。即使能够识别,当企业搬迁至出口加工区内时,也会有特定的海关管区代码来反映特定的财政体系:但我们并不能将这个编码与企业进入加工区之前的编码进行匹配。

②　Li 和 Liu(2014)认为中国在国际贸易上的成功反映了它吸引外资企业(尤其是出口加工区内外资企业)并从外资企业中学习的能力。Mayneris 和 Poncet(2015)的研究表明,外资企业的出口活动会促进外资企业附近的本土企业出口新产品种类到新的目的国,也就是说存在外资企业向本土企业的知识溢出。

城市。为了分析建立出口加工区之后的影响,我们关注每个城市设立的第一批出口加工区。[①]本章末附表列出了样本中包含的出口加工区相关信息,包含了地区代码(四位数城市代码和六位数直辖市代码)、出口加工区名称、成立年份和主导产业。我们的样本包含了 2000 年到 2005 年之间建立的 47 个出口加工区。[②]

我们以出口加工区的官方文件中描述的主导产业[③]为根据,将其与《国民经济行业分类》中的三位数行业进行匹配。我们使用三个文件库进行匹配:国家统计局的《国民经济行业分类》《战略性新兴产业分类》,以及《电子信息产品分类》。当主导产业的关键词与三个文件库中的行业描述相同时,我们编码为"完全准确";如果有些是主观判断的,我们编码为"不完全准确"。表 4.4 的稳健性检验表明仅使用匹配"完全准确"的行业或者将匹配"不完全准确"的主导产业视为非主导产业,结果依然稳健。

4.3.2 出口数据

我们使用的出口数据是国家统计局提供的 1998—2007 年间中国工业企业调查数据,主要包括销售额在 500 万以上的国有企业以及非国有企业的资产负债表信息。涉及行业主要包括采矿业、制造业和公共基础设施服务事业。2004 年全部工业企业的调查显示,这些行业的企业数量仅占所有工业企业数量的 20%,但却雇用了工业劳动力的 70% 左右,贡献了 90% 的产出

---

① 有六个城市在不同年份先后设立了不止一个出口加工区。为了识别出口加工区的影响,我们将样本限制在这些城市设立第二个出口加工区之前。表 4.5 的稳健性检验表明把六个城市的样本删除之后,结果依然不变。

② 47 个出口加工区中,五个位于上海市的不同区。表 4.5 的稳健性检验显示,从样本中剔除上海的这几个区之后,结果不变。

③ 官方文件中描述的主导产业主要以关键词的形式表示。

和 98％的出口（Brandt et al.，2012）。①从数据集中获得的变量每年会发生一些变化，我们使用其中的雇用人数、销售额、资本、R&D 和出口信息等变量。②在 2004 年的数据中，雇员按受教育年限分类，我们因此可以计算受教育程度在大学及以上的员工占总员工的比重来计算高技能占比。我们将每个地区企业层面的数据加总到三位数行业层面，得到地区—行业—年份结构的数据。每个地区可用地级市层面四位数编码和直辖市的六位数编码来识别。最终样本中包括了 2000—2005 年之间建立的 47 个出口加工区和158 个行业。我们无法区分企业是否位于出口加工区内，因此一个地区的出口表现既包括出口加工区内企业也包括出口加工区外企业。即使我们可以通过特定的征税体系和新的识别编码来区分两种类型的企业，但是当企业从一个地区搬迁至出口加工区之后，我们也不能获得企业在进入加工区之前的出口活动数据，从而无法在出口加工区层面使用双重差分法，原因在于在进入出口加工区之前和之后可能不是同一家企业（Wang，2013；Alder et al.，2013；Cheng，2014）。因此我们在估计时采用包含了出口加工区内和出口加工区外出口在内的地区层面数据。

4.3.3　行业间联系

本章的贡献之一是，评估了出口加工区的建立对出口的影响是否取决于被扶持行业在当地已有的生产能力和资源，将由出口加工区的活动和当地的生产专业化之间的关联度作为这一地区—行业层面的代理变量。

---

① 样本期间的行业编码与 Brandt 等（2012）中使用的协调编码（Harmonized Classification）一致。
② R&D 数据从 2001 年开始才可获得。我们使用 Brandt 等（2012）的方法将资本的原始购买价格转换为实际价值，以使不同时间和企业的资本具有可比性。

　　我们感兴趣的变量是地区行业层面出口活动与当地生产结构之间的关联度,这一指标由 Hidalgo 等(2007)和 Kali 等(2013)建立,一种产品与当地产业之间的关联程度可以用产品与当地出口的具有比较优势的产品之间的平均临近程度来度量。

　　在 Hausmann 和 Klinger(2007)以及 Hidalgo 等(2007)中[①],两种产品之间的邻近度用这两种产品之间联合出口的概率来度量。联合出口反映了两种产品需要相似的制度、基础设施、资源、技术或其他方面的合作。例如,生产并出口计算机和电视机都需要用到类似的知识、技术、投入品和生产要素等,因此许多国家会同时出口计算机和电视机,使得两种产品之间的关联程度较高;由于生产并出口 T 恤或玩具所需的知识、技术、投入品等与计算机不同,所以 T 恤或玩具与计算机之间的邻近度较小。

　　具体地,产品 i 和产品 j 之间的邻近度可以用一个国家拥有一种产品的比较优势时,同时拥有另一种产品的比较优势的概率来表示。Balassa(1965)定义了显示性比较优势指数:当某种产品 i 占某个国家总出口中的份额,与该产品的全球总出口额占全球所有产品总出口的份额之比大于 1 时,这个国家拥有出口该产品的比较优势。我们将 $\Pr(i|j)$ 定义为在产品 i 和 j 上拥有比较优势的国家数量与在产品 j 上拥有比较优势的国家数量的比例,将 $\Pr(j|i)$ 定义为在产品 i 和 j 上拥有比较优势的国家数量与在产品 i 上拥有比较优势的国家数量的比例。我们将这两个条件概率中的最小值作为两种产品之间的邻近度[②]:

---

① 这两篇文章构建了产品空间的指标来衡量在全球贸易中的两种产品之间的关联度。
② 取 $\Pr(i|j)$ 与 $\Pr(j|i)$ 这二者中最小值的好处在于,它可以成功地避免如下不合适的情形:如果我们取二者的最大值,则在当某种产品 p 只由某一个国家生产时,则对于该国生产的所有其他具有比较优势的产品 j 而言,$\Pr(j|i)$ 恒等于 1,这进而决定了世界上的同类产品 i 与 j 之间的邻近度。这会使得我们对世界上的同类产品 i 与 j 之间邻近度的估计产生严重的偏误。

$$\phi_{i,j}=\min\big[\Pr(i\,|\,j),\,\Pr(j\,|\,i)\big] \tag{4.1}$$

我们使用 BACI 数据库[①]中 1997 年的 239 个国家的 5 016 种 HS 六位数产品数据来计算产品 i 和产品 j 之间的关联度(Gaulier and Zignago,2010)。[②]这些邻近度矩阵描述了世界产品空间的典型特征。[③]我们将 HS 六位数产品的邻近度加总到《中国国民经济行业分类》的三位数行业层面,得到了中国三位数行业之间的关联度 $\phi_{k,k'}$。[④]行业之间关联度的密度分布,类似于正态分布,且分布比较对称。

我们研究的关键问题是出口加工区的主导产业 k 与城市 l 的生产性结构之间的行业关联度 $Density_{lk}$ 如何影响出口加工区的政策效果。为缓解出口加工区成立带来的内生性问题,我们使用第一批出口加工区成立前的一年工业企业数据库,将企业层面的出口加总到城市层面来计算显示性比较优势指数,在此基础上计算 l 城市的 k 行业在该城市的关联度:

$$Density_{lk}=\frac{\sum_{k'\in RCA^l=1,\,k'\neq k}\phi_{k,k'}}{\sum_{k'\neq k}\phi_{k,k'}} \tag{4.2}$$

式(4.2)中的分子是在城市 l 具有显示性比较优势的行业($RCA^l=1$)中的所有行业 k' 同行业 k 之间的邻近度之和,分母表示城市 l 除行业 k 以外的其他所有行业 k' 同行业 k 之间的邻近度之和。式(4.2)这种计算方法可以解决双向因果问题:首先,行业间的邻近度是用城市 l 建立第一个出口加工区的前一年的数据计算的;其次,式(4.2)中的分母是所有行业之间的邻

① 这个数据集的原始数据来自 COMTRADE 数据库提供的国家之间的双边贸易流数据。
② 贸易流数据使用出口商和进口商的报税单的原始数据来构建,相比原始数据集,这样可以拓展到更多贸易数据可获得的国家。
③ 见 Poncet 和 de Waldemar(2015)关于邻近度的一些描述性统计。
④ HS 六位数产品和国民经济行业分类的对应表来自 Upward 等(2013),最终样本包括 158 个行业。

近度 $\phi_{k,k'}$ 之和,这是由整个世界决定的,对地区 l 而言是外生的。同时,式
(4.2)排除了城市 l 拥有比较优势的行业 k,因此它不包括行业 k 的任何出
口信息。

Density$_{lk}$ 度量了同行业 k 联系紧密的那些行业在 l 城市的比较优势情
况。例如,生产手机需要很多配套行业(所谓配套行业是指这些行业与手
机生产行业联系紧密),如果深圳在生产手机的很多配套行业上有比较优
势的话,根据式(4.2),*Density$_{lk}$* 的取值就会更大,即行业 k 同当地的生产性
结构联系更紧密。Kali 等(2013)、Hidalgo 等(2007)以及 Poncet 和 de
Waldemar(2015)认为行业关联度可以看成当地知识外部性、规模经济和范
围经济等溢出效应的代理变量。

样本中不同城市的主导产业与当地生产性结构之间关联度的分布,和
非主导产业与当地生产性结构之间关联度的分布是比较对称的。而城市内
不同行业的平均关联度的分布的变动,比城市间的变动小。城市内不同行
业的平均关联度的均值与中位数约为 0.285,而标准差是 0.014,这些分布统
计量的大小将用于解释第 5.3 部分估计系数的经济意义显著性。

4.4　回归方程

我们通过出口加工区建立之后主导产业和非主导产业之间的差异化影
响来评估出口加工区政策的影响。采用 1998—2007 年之间 47 个地区的行
业层面的出口数据①,得出如下方程:

---

① 我们构造了地区—行业—年份层面的面板数据。模型估计的是在 1998—2007 年之间建立
了出口加工区的地区,相应地区见本章末附表。

$$\ln(1+Exports_{lkt})=\alpha EPZ_{lt}\times Target_{lk}+\lambda_{lk}+\mu_{lt}+\nu_{kt}+\epsilon_{lkt} \qquad (4.3)$$

其中 $\ln(1+Exports_{lkt})$ 是地区 l 在 t 年行业 k 的离岸出口额；EPZ_{lt} 等于 1 表示地区 l 在 t 年建立了出口加工区，否则为 0；$Target_{lk}$ 是一个二元变量，用于表示城市 l 的行业 k 是否是出口加工区重点发展的出口加工产业。λ_{lk} 表示地区—行业层面固定效应，用于控制地区层面主导产业和非主导产业的不随时间变动的一些特征，例如不同城市各个行业初始的比较优势情况；μ_{lt} 表示地区—年份固定效应，用于控制地区层面随时间变化的特征，例如经济与金融发展水平等；ν_{kt} 表示行业—年份固定效应，用于控制行业层面随时间变化的特征，例如需求冲击。因变量采用 $\log(1+Exports)$ 的形式，这样就可以包括出口额为 0 时的情况。①在我们的数据中，出口额为 0 的情况大约占 54%。我们不仅估计了式（4.3），而且采用了其他估计方法进行稳健性检验，这些估计方法处理了出口额为 0 的问题。通常，标准的做法是泊松伪极大似然估计量（Santos Silva and Tenreyro，2006）。Santos Silva 和 Tenreyro（2011）表明，即使样本中 0 的比例很大，该估计量仍然具有良好性质。然而我们在控制城市—年份固定效应和行业—年份固定效应时遇到了计算问题。为此，我们把样本限制在贸易流为正的行业，或者用减少了的固定效应来进行泊松伪极大似然估计②，结果依然稳健。

我们的实证策略处理了内生性问题，考虑了在建立出口加工区时存在内生性选择问题。正如 Li 和 Liu（2014）提到的，相比没有建立出口加工区

① 如果因变量中不包含出口量为 0 情况可能使得估计结果有偏，因为此时样本可能存在选择，因此包括出口额为 0 的样本很重要（Helpman et al.，2008）。

② 理想情况下应该采用 Heckman 两步法来进行稳健性检验，但是我们缺少一个可信的排他性约束（Head and Mayer，2014）。

的城市,建立出口加工区的城市人口更多、GDP 更高且出口额更大。首先,我们的样本仅包括了 2005 年之前建立了出口加工区的地区,减少了混淆因素的影响。其次,通过一系列固定效应控制了主导产业和非主导产业在建立出口加工区之前和之后的不可观测效应,我们通过出口加工区对行业的不同影响来区分其对出口促进的直接因果效应。我们感兴趣的是三重交互项的系数 α。如果出口加工区政策促进了当地的出口,则相比非主导产业而言,主导产业的出口会相对增加。

我们进一步推断出口加工区的产业政策对出口的影响取决于被扶持的主导产业和当地的生产性结构之间的一致性程度。在第 4.3.3 节,我们用被扶持的主导产业同该城市有比较优势的行业之间的邻近度作为城市—行业关联度的代理变量,这个代理变量采用城市建立第一个出口加工区的前一年数据来测算,这样不仅可以度量出口加工区建立之前当地已有的生产性知识,而且可以减少建立加工区之后的出口表现带来的反向因果关系。在第 5.2 节,我们在方程(4.3)中加入 $EPZ_{lt} \times Target_{lk}$ 与 $Density_{lk}$ 的交互项(即"是否出口加工区成立后""是否主导产业"与"产业间关联度"三者的交互项),并控制 EPZ_{lt} 和 $Density_{lk}$ 的交互项。

不同行业与当地的生产性结构之间的一致性程度不同。我们预期出口加工区政策对出口的促进效果,在被扶持的主导产业同当地的生产性结构之间更一致时更大。使用这一估计策略,我们也可以更好地识别出口加工区政策对出口的影响,即使出口加工区的地区分布与出口加工区主导产业的选择是内生的。我们的三重差分估计比较了地区建立出口加工区之前和之后的差异(第一重差分)、主导产业和非主导产业的差异(第二重差分),以及关联度高和关联度低的行业之间的差异(第三重差分)。

4.5　回归结果

4.5.1　基准回归

　　表 4.1 中的第(1)列为不加入交互固定效应(城市—年份、行业—年份、城市—行业固定效应)时的结果,仅包括城市、行业和年份固定效应。当加入城市固定效应控制不同地区之间的差异,以及加入时间固定效应控制整个经济随时间变化的冲击时,EPZ_{lt} 的系数为正但不显著,表明出口加工区的建立与当地的平均出口表现无关。这一发现同出口加工区并不会无差异地鼓励所有行业的出口是一致的。第(2)列中加入了交互项 $EPZ_{lt} \times Target_{lk}$,该系数为正且在 1% 的水平上显著,表明出口加工区促进了其扶持的主导产业的出口。第(3)列中我们加入了地区—年份固定效应①,此时我们关心系数 α 的大小和显著性仍同第(2)列一致。后面三列通过稳健性检验证实了第(3)列的结果。第(4)列采用泊松伪极大似然估计量,这是在包含 0 出口量时采用的一种标准方法(Santos Silva and Tenreyro,2006)。第(5)列将样本限制在出口额为正的行业,此时关键解释变量的系数与其他情况相近,表明出口加工区建立之后主导产业的出口活动相对增加,因此我们可以相信基准回归的结果。

　　第(6)列在城市—年份、行业—年份、城市—行业固定效应的基础上,估计了回归方程(4.3)。城市—年份固定效应中控制了可能影响出口加工

──────────

　　①　此时 EPZ_{lt} 会与这些虚拟变量存在完全多重共线性。

表 4.1　基本模型：出口加工区政策与出口额

	(1) ln(1+Exports)	(2) ln(1+Exports)	(3) ln(1+Exports)	(4) Exports PPML	(5) ln(Exports)	(6) ln(1+Exports)
是否出口加工区成立后	0.059 5 (0.047 6)	−0.078 8 (0.053 9)				
是否出口加工区成立后×		0.304*** (0.057 5)	0.346*** (0.057 6)	0.727*** (0.156)	0.253*** (0.061 6)	0.066 3*** (0.023 5)
是否主导产业		0.071 6* (0.037 5)	0.052 7 (0.037 0)	−0.177 (0.109)	0.007 58 (0.045 4)	
观测值个数	72 048	72 048	72 048	70 626	32 894	72 048
R 平方	0.467	0.468	0.489		0.382	0.884
城市固定效应	YES	YES	NO	YES	YES	NO
行业固定效应	YES	YES	NO	YES	YES	NO
年份固定效应	YES	YES	NO	YES	YES	NO
城市—年份固定效应	NO	NO	YES	NO	NO	YES
行业—年份固定效应	NO	NO	YES	NO	NO	YES
城市—行业固定效应	NO	NO	NO	NO	NO	YES

注：$Exports$ 表示地区 l 在 t 年行业 k 的出口额。PPML 表示泊松伪极大似然估计量。括号中的异质性稳健标准误聚类到地区—年份层面。***、** 和 * 分别表示 1%、5% 和 10% 显著性水平。

区地区选择的所有因素,而城市—行业固定效应控制了一个地区的某个特定行业被选为主导产业的所有因素。相比第(3)列,α 的大小有所减少但仍然在 1% 的水平上显著为正,表明出口加工区的优惠政策的确使出口相对增加。第(6)列表明建立出口加工区使得被扶持的主导产业的出口增加了约 6.6%。

表 4.1 估计出的关键解释变量的系数为正,可能是因为产业扶持政策确实促进了出口,但也可能是因为正向选择,即当地政府会存在"挑选赢家"行为,也就是说政府可能只是挑选了那些原本就出口表现更好的产业。表 4.2 中检验出口加工区优先发展的产业在出口加工区建立之前的出口表现相比非主导产业是否呈显著正向趋势。

我们将 EPZ_{lt} 分解为建立出口加工区之前和之后不同年份的虚拟变量,把城市建立出口加工区的当年作为基准组,再现表 4.1 第(6)列的结果。虚拟变量 $EPZ_{l,t-3}$ 等于 1 表示在地区 l 建立出口加工区的第三年,否则等于 0。比如,如果地区 l 在 2002 年建立出口加工区,则 $EPZ_{l,t-3}$ 等于 1 表示 1999 年;而 $EPZ_{l,t+3}$ 等于 1 表示 2005 年。表 4.2 的第(1)列报告了在出口加工区建立之前的七年和之后七年的 14 个虚拟变量,以考察系数 α 的变动。$EPZ_{l,t-7}$ 这个虚拟变量取值为 1 表示出口加工区建立之前七年及以上,$EPZ_{l,t+7}$ 取值为 1 则表示出口加工区建立之后七年及以上。在第(2)列我们包括了出口加工区建立之前的五年和之后的五年,$EPZ_{l,t-5}$、$EPZ_{l,t+5}$ 的定义和 $EPZ_{l,t-7}$、$EPZ_{l,t+7}$ 类似。

建立出口加工区之前估计出来的系数时正时负。除了在建立之前的第五年系数显著为正外,其余系数均不显著,表明在出口加工区建立之前,主导产业和非主导产业的出口表现比较相似,因此在出口加工区成立之前,优先发展的产业和未被选中优先发展的产业之间的出口变化趋势相似,表明政府不存在挑选赢家的行为。在出口加工区成立之后,系数均为正——这

表 4.2　出口加工区政策与出口额:检验事前同趋势假设

	ln(1+$Exports$)	
	(1)	(2)
是否出口加工区成立前第七年× 是否主导产业	−0.038 8 (0.151)	
是否出口加工区成立前第六年× 是否主导产业	0.097 0 (0.063 8)	
是否出口加工区成立前第五年× 是否主导产业	0.139** (0.068 7)	0.094 4* (0.056 9)
是否出口加工区成立前第四年× 是否主导产业	−0.001 40 (0.041 1)	0.002 43 (0.041 5)
是否出口加工区成立前第三年× 是否主导产业	−0.082 6 (0.064 4)	−0.082 2 (0.064 0)
是否出口加工区成立前第二年× 是否主导产业	−0.035 6 (0.036 5)	−0.033 3 (0.036 7)
是否出口加工区成立前第一年× 是否主导产业	−0.005 48 (0.032 5)	−0.004 28 (0.032 4)
是否出口加工区成立后第一年× 是否主导产业	0.024 2 (0.035 4)	0.024 3 (0.035 2)
是否出口加工区成立后第二年× 是否主导产业	0.020 1 (0.039 0)	0.022 3 (0.038 8)
是否出口加工区成立后第三年× 是否主导产业	0.095 9** (0.043 8)	0.092 5** (0.043 8)
是否出口加工区成立后第四年× 是否主导产业	0.114** (0.049 2)	0.113** (0.049 0)
是否出口加工区成立后第五年× 是否主导产业	0.110** (0.048 6)	0.117** (0.045 5)
是否出口加工区成立后第六年× 是否主导产业	0.155** (0.062 7)	
是否出口加工区成立后第七年× 是否主导产业	0.084 3 (0.076 3)	
观测值个数	72 048	72 048
R 平方	0.885	0.885
城市—年份固定效应	YES	YES
行业—年份固定效应	YES	YES
城市—行业固定效应	YES	YES

注:$Exports$ 表示地区 l 在 t 年行业 k 的出口值。括号中的异质性稳健标准误聚类到地区—年份层面。***、** 和 * 分别表示 1%、5% 和 10% 显著性水平。

与表 4.1 中第(6)列的平均影响显著为正一致,且系数随年份逐渐增加,表明相对于非主导产业而言,主导产业的出口表现随年份变动逐渐增加。在出口加工区建立三年之后,系数开始变得显著。这一发现与现实一致,可能的解释是出口加工区企业和非出口加工区企业之间的技术和出口溢出可能存在时滞。总的来说,我们的结果表明出口加工区的政策对出口产生了预期收益。

4.5.2　行业关联度对出口的放大效应

考虑到不同的主导产业同当地的生产性结构之间的一致性存在差异,进而在挖掘生产与出口所需的当地资源时的能力不同,出口加工区对出口的影响可能存在行业关联度上的异质性。表 4.3 检验了这种异质性。大量关于必要资源的可获得性所带来的收益的文献(例如 Hidalgo et al.,2007;Lin,2012)推测出口优惠政策会使得同当地比较优势一致的经济活动受益。我们通过在回归方程(4.3)中加入 $EPZ_{lt} \times Target_{lk}$ 与 $Density_{lk}$ 的交互项(并控制 EPZ_{lt} 和 $Density_{lk}$ 的交互项),来识别主导产业和地区 l 的其他生产活动之间的关联度对出口活动造成的影响,从而进一步解释表 4.1 第(6)列的基准回归结果。$EPZ_{lt} \times Density_{lk}$ 衡量了行业邻关联度不同会如何影响出口加工区的效果,而 $EPZ_{lt} \times Target_{lk} \times Density_{lk}$ 衡量了主导产业同当地生产性结构之间的一致性程度会如何影响主导产业的出口促进效果。表 4.3 第(1)列中这两个系数均显著为正。$EPZ_{lt} \times Density_{lk}$ 的系数显著为正表明无论是否是主导产业,如果一个行业与当地的生产结构关联更紧密,建立出口加工区对该行业中出口的促进作用更大。三重交互项 $EPZ_{lt} \times Target_{lk} \times Density_{lk}$ 的系数显著为正,表明当主导产业与当地的生产结构关联度越高时,出口收益越大。

表 4.3 行业间关联对产业政策效果的放大效应

	ln(1+Exports) (1)	ln(Exports) (2)	Exports PPML (3)	ln(1+Exports) (4)	ln(Exports) (5)
是否出口加工区成立后× 是否主导产业	0.334***	0.232	1.159***	1.037***	0.587***
	(0.096 7)	(0.154)	(0.394)	(0.125)	(0.184)
是否出口加工区成立后× 是否主导产业×产业间关联度的对数	0.218***	0.224*	0.585*	0.602***	0.321**
	(0.070 2)	(0.126)	(0.338)	(0.086 1)	(0.152)
是否主导产业×是否出口加工区成立后× 产业间关联度的对数	1.768***	1.123***	5.680***	6.256***	3.915***
	(0.221)	(0.313)	(0.587)	(0.426)	(0.413)
产业间关联度的对数× 是否主导产业			−0.038 6	0.079 6**	0.026 0
			(0.097 2)	(0.035 5)	(0.044 3)
观测值个数	72 048	32 894	70 626	72 048	32 894
R 平方	0.885	0.856		0.498	0.386
城市—年份固定效应	YES	YES	YES	YES	YES
城市—行业固定效应	YES	YES	NO	NO	NO
行业—年份固定效应	YES	YES	NO	NO	NO
行业固定效应	NO	NO	YES	YES	YES

注：Exports 表示地区 l 在 t 年行业 k 的出口值。PPML 表示泊松伪极大似然估计量。括号中的异质性稳健标准误聚类到地区—年份层面。***、** 和 * 分别表示 1%、5% 和 10% 显著性水平。

表 4.3 第(1)列报告了 $\ln(1+Exports_{lkt})$ 作为因变量时的基准回归结果,其余列对出口额是否为 0 的情况进行稳健性检验。第(2)列将样本限制在出口额为正的行业,第(3)列仅在方程中加入城市—年份层面和行业层面固定效应来进行泊松伪极大似然估计。为了与第(3)列进行比较,我们在表 4.3 的第(4)列与第(5)列中将因变量换为 $\ln(1+Exports_{lkt})$ 和 $\ln(Exports_{lkt})$ 并加入相同的固定效应来进行普通最小二乘(OLS)回归,估计结果进一步证实关联度高的企业可以从出口加工区中获得更高的收益。第(3)列三重交互项的估计系数相比第(1)列与第(2)列有所增加,但这种差异在统计上不显著。

4.5.3 影响程度

我们首先探讨了在建立出口加工区之后,被扶持行业的关联度高出中位数一个标准差时出口会增加多少。城市内部不同行业的关联度的标准差为 0.014,均值为 0.285,据此可知关联度高出平均数一个标准差,相当于关联度增加 5%($\approx$0.014/0.285)。表 4.3 第(1)列的估计系数 1.768 表明,被扶持行业的关联度增加 5% 会使年均出口额增加约 9%($\approx$5%×1.768)。样本期间,中国年均出口额增加率约为 16%。可见,我们估计的系数大小在经济意义上具有比较合理的显著性。

三重交互项 $EPZ_{lt}\times Target_{lk}\times \ln Density_{lk}$ 的系数(0.218)约为二重交互项 $EPZ_{lt}\times \ln Density_{lk}$ 的系数(1.768)的 1/8。对于主导产业而言,关联度增加 5%,出口加工区对出口的促进作用会进一步增强——出口加工区优先发展行业的出口额会额外增加约 1.1%($\approx$0.218×5%)。

估计行业关联度影响的另一种方法是比较出口加工区建立之后行业关联度分布在 10 分位数的行业和 90 分位数的行业之间的出口收益。表 4.3

的第(1)列系数 1.768 表明:其他条件不变时,对非主导产业而言,建立出口加工区对行业关联度处在 90 分位数行业出口的促进作用比行业关联度处在 10 分位数的高约 24%(≈1.768×0.134)。①对主导产业而言,这种差异性影响会进一步增加至约 27%(≈24%+0.218×0.134)。可见,行业关联度高低对出口促进产业政策效果有着经济意义上显著的影响。

表 4.4 处理变量的测量误差

	$Exports$ 根据海关数据来定义出口加工区的成立时间 (1)	$Exports$ 删除"主导产业"度量不准确的行业 (2)	$Exports$ 将"主导产业"度量不准确的行业作为对照组 (3)
是否出口加工区成立后× 是否主导产业	0.405*** (0.104)	0.432*** (0.127)	0.315*** (0.118)
是否出口加工区成立后× 是否主导产业×产业间关联度的对数	0.244*** (0.076 5)	0.260*** (0.094 5)	0.186** (0.088 9)
是否出口加工区成立后× 产业间关联度的对数	1.588*** (0.269)	1.744*** (0.241)	0.186** (0.088 9)
观测值个数	72 048	57 496	72 048
R 平方	0.885	0.884	0.885
城市—年份固定效应	YES	YES	YES
城市—行业固定效应	YES	YES	YES
行业—年份固定效应	YES	YES	YES

注:***、** 和 * 分别表示 1%、5% 和 10% 的显著性水平。标准误在城市—行业层面聚类。

4.5.4 稳健性检验

表 4.4 通过一系列稳健性检验来核实出口加工区的政策影响。第(1)列

① 90 分位数的 ln$Density_{lk}$ 与 10 分位数的 ln$Density_{lk}$ 之差约等于 0.134。

重新定义了出口加工区 EPZ_{lt}：使用出口加工区的第一次出口日期而不是官方公布建立出口加工区的日期(Li and Liu，2014)，地区 l 的出口加工区在开始出口的第 t 年及之后年份取值为 1，否则为 0。[1]估计结果与表4.3第(1)列一致。

第(2)列和第(3)列处理了将官方公布的文件中以关键词描述的主导产业与中国《国民经济行业分类》中的行业进行匹配[2]可能带来的测量误差。第(2)列删除了匹配不准确的主导产业，此时观测值减少了 20%，估计系数表示准确匹配的行业和非主导产业之间的比较。在第(3)列中，如果主导产业匹配不准确，则令 $Target_{lk}=0$。这两列中的系数均显著为正，证实了行业关联度对出口加工政策的影响。

表4.5进行了其他稳健性检验。为检验出口加工区的出口促进效果是否主要由少数地区带来，我们可以通过删除可能从出口加工区中获益更多的地区样本来对此进行检验(Amiti and Freund，2010；Wang and Wei，2010)。第(1)列删除了四个直辖市样本，这四个城市面积较小、居民收入较高且有较高的政治自治权。我们的结果依然稳健，表明出口加工区的出口促进效果不受少数城市的影响。

第(2)列删除建立了多个出口加工区的城市。有四个城市在第一个出口加工区之后又建立了额外的加工区。[3]为了确保估计结果识别的是出口加工区的效果，基准回归中将这四个城市的样本限制在第二批出口加工区成立之前。第(2)列将这些成立了不止一个出口加工区的城市样本删除，其估

---

① 出口加工区的第一次出口日期可以从中国海关数据库中获得。海关数据中提供了五位数地区代码，该代码的最后一位数字等于5表示出口加工区的出口。

② 见第4.3.1节。

③ 沈阳在2003年、2005年先后成立了两个出口加工区。苏州在2000年、2003年、2005年先后成立了三个出口加工区。宁波在2002年、2005年先后成立了两个出口加工区。广州在2000年、2005年先后成立了两个出口加工区。

计结果与表 4.3 中的基准结果一致。在第(3)列中,我们删除了绝大部分出口加工区都鼓励发展的主导产业,因为这些行业可能在技术含量等方面与其他行业存在系统性差异,这种差异可能影响估计结果。①此时,我们发现,同当地生产结构关联度较高的行业的出口表现仍然更好。

表 4.5　改变样本

	Exports	*Exports*	*Exports*
	删除四个 直辖市 (1)	删除不止一个出口 加工区的城市 (2)	删除被作为主导产 业频率最高的行业 (3)
是否出口加工区成立后×	0.293 ***	0.353 ***	0.214 **
是否主导产业	(0.088 5)	(0.105)	(0.096 7)
是否出口加工区成立后×	0.178 ***	0.225 ***	0.131 *
是否主导产业×产业间关联度的对数	(0.067 6)	(0.074 6)	(0.069 3)
是否出口加工区成立后×	1.546 ***	1.846 ***	1.698 ***
产业间关联度的对数×	(0.224)	(0.237)	(0.220)
观测值个数	59 408	67 940	67 032
R 平方	0.895	0.879	0.884
城市—年份固定效应	YES	YES	YES
城市—行业固定效应	YES	YES	YES
行业—年份固定效应	YES	YES	YES

注:*** 、** 和 * 分别表示 1%、5% 和 10% 的显著性水平。标准误在城市—行业层面聚类。

目前为止,我们的样本仅包含建立了出口加工区的 23 个省份。这样做是考虑到其他地区已有的生产结构同这 23 个省份显著不同,将其他地区包含进来会削弱有政策的地区和没有政策的地区之间的可比性,进而影响估计结果的可靠性。但我们仍需要检验我们的结果不仅在所选择的样本中成

---

① 我们从 47 个出口加工区中找到至少 46 个出口加工区都重点发展的 11 个行业,其中两位数行业代码包括:36、39、40;三位数行业代码包括:362、366、368、391、392、393、394、403、404、405 和 406。

立,而且在样本中包含了其他不太可比的地区时仍然成立。由于在控制组地区,EPZ_{lt} 和 $Target_{lk}$ 这两个二元变量均为 0,并且我们的回归中包含了地区—年份固定效应和地区—行业固定效应,拓展样本之后系数的变化主要由行业—年份固定效应导致。所以在基准回归中衡量出口加工区主导产业的出口表现时,控制行业—年份固定效应很重要。表 4.6 通过三种扩展样本的方式重新估计了基准回归方程[表 4.1 的第(6)列和表 4.3 的第(1)列]:表 4.6 的第(1)列和第(2)列考虑了所有地区的样本;第(3)列和第(4)列包含了在 2005 年建立了出口加工区的 23 个省份中的所有地区;第(5)列和第(6)列将样本扩展到挑选的 98 个城市,这些城市的行业关联度分布与建立了出口加工区的城市的行业关联度分布可比。①这些估计结果再一次证实了行业关联度对出口加工区政策的影响。

表 4.7 加入了可能同行业关联度相关的一些遗漏变量来进行稳健性检验。出口加工区主导产业的出口增加可能不仅仅是由行业关联度高导致的,还与该行业有更高的就业占比、资本密集度、研发密集度、技能密集度和出口占比有关,因为这些变量可能同 $\ln Density_{lk}$ 相关且影响出口,故 $EPZ_{lt} \times Target_{lk} \times \ln Density_{lk}$ 的系数估计出来的可能是这些变量的影响,而不是行业关联度的影响。我们检验在控制了这些变量之后,前述结果是否仍然成立。在第(1)列中,我们加入 $EPZ_{lt} \times Target_{lk}$ 和地区 l 在建立第一个出口加工区的前一年行业 k 的就业占比的交互项来控制行业的相对规模;交互项的系数显著为正,表明行业越大,从出口加工区的贸易促进政策中获得的出口收益越多。但我们发现当地已有的生产性知识仍然放大了出口加工区的效果。第(2)列中加入了 $EPZ_{lt} \times Target_{lk}$ 与城市—行业资本密集度的交互

---

① 对于每个建立出口加工区的城市,我们采用匹配数据识别与其行业关联度分布可比的城市 (Wilcoxon, 1945)。

表 4.6 改变对照组

	所有城市样本		有出口加工区的 23 个省份样本		产业间关联度的分布与出口加工区所在城市可比城市作为对照组	
	(1)	(2)	(3)	(4)	(5)	(6)
是否出口加工区成立后× 是否主导产业	0.270***	0.481***	0.262***	0.475***	0.216***	0.441***
	(0.0243)	(0.104)	(0.0242)	(0.104)	(0.0235)	(0.101)
是否出口加工区成立后× 是否主导产业×产业间关联度的对数		0.183**		0.184**		0.192***
		(0.0730)		(0.0728)		(0.0712)
是否出口加工区成立后× 产业间关联度的对数		2.335***		2.307***		2.162***
		(0.257)		(0.254)		(0.242)
观测值个数	565 008	565 008	487 588	487 588	226 888	226 888
R 平方	0.858	0.859	0.860	0.860	0.874	0.875
城市—年份固定效应	YES	YES	YES	YES	YES	YES
城市—行业固定效应	YES	YES	YES	YES	YES	YES
行业—年份固定效应	YES	YES	YES	YES	YES	YES

注：***，** 和 * 分别表示 1%、5% 和 10% 的显著性水平。标准误在城市—行业层面聚类。

表 4.7　控制各种城市—行业层面的混杂因素

	Exports (1)	Exports (2)	Exports (3)	Exports (4)	Exports (5)
是否出口加工区成立前后×是否主导产业	0.279*** (0.094 2)	0.261*** (0.092 9)	0.329*** (0.095 8)	0.171* (0.094 4)	0.308*** (0.094 9)
是否出口加工区成立前后×产业间关联度的对数	0.220*** (0.069 2)	0.192*** (0.068 5)	0.217*** (0.070 2)	0.159** (0.068 6)	0.207*** (0.068 0)
是否主导产业×产业间关联度的对数	1.687*** (0.221)	1.765*** (0.222)	1.767*** (0.221)	1.720*** (0.219)	1.750*** (0.212)
是否出口加工区成立前后×行业的就业占比	8.156*** (1.398)				
是否主导产业×行业的资本劳动比		0.000 593*** (0.000 150)			
是否出口加工区成立前后×行业的研发密集度			1.976 (1.448)		
是否主导产业×行业的技能密集度				1.280*** (0.147)	
是否主导产业×行业的出口占比					0.098 6 (0.153)
观测值个数	72 048	72 048	72 048	72 048	72 048
R 平方	0.885	0.885	0.885	0.885	0.885
城市—年份固定效应	YES	YES	YES	YES	YES
城市—行业固定效应	YES	YES	YES	YES	YES
行业—年份固定效应	YES	YES	YES	YES	YES

注：***、** 和 * 分别表示 1%、5% 和 10% 的显著性水平。标准误在城市—行业层面聚类。

项,其中资本密集度用地区 l 在建立第一个出口加工区的前一年行业 k 的资本劳动之比来度量,结果仍然与基准回归相似。

第(3)列中加入了 $EPZ_{lt} \times Target_{lk}$ 与城市—行业层面的 R&D 密集度的交互项,第(4)列中加入了 $EPZ_{lt} \times Target_{lk}$ 与城市—行业高技能劳动力密集度代理变量的交互项。城市—行业的 R&D 密集度采用 2001 年年度调查中 R&D 的支出占总销售额的比重(2001 年是可以获得这些信息的最早年份)。城市—行业层面的高技能劳动力密集度用受教育水平至少为大学的劳动力份额来衡量(采用 2004 年的数据,因为全国经济普查中只有这一年可以获得员工受教育水平信息)。第(5)列中,我们考虑了出口导向这一潜在混淆因素,在方程中加入 $EPZ_{lt} \times Target_{lk}$ 与城市—行业 k 在城市 l 的出口中所占比例的交互项。① 在所有列的结果中,核心解释变量的系数均显著为正,这说明,当出口加工区的主导产业与当地已有的生产知识和能力相匹配时(用行业同当地生产性结构的关联度来衡量),出口加工政策常常是成功的。

总的来说,我们的结果表明如果产业政策针对的行业是正确的,比如与当地的生产性结构紧密相关,那么产业政策是有效的。我们可以设法评估出中国出口加工区正确选择主导产业的程度来最大化政策效果。样本中,主导产业和非主导产业的关联度指标的分布非常相似;相对于非主导产业,主导产业行业关联度的分布仅整体向右移了一点,主导产业的平均关联度是 0.294,而非主导产业的平均关联度是 0.278。这意味着出口加工区选择的重点行业可能不是最优的。如果我们根据样本关联度的平均值,将关联度高于平均值的行业视为联系紧密的行业,我们可以计算行业"选择正确"

———————————

① 城市—行业层面的出口份额根据该城市第一个出口加工区成立的前一年数据计算得到。

出口加工区的比重。结果显示仅 53% 的主导产业高于平均关联度,非主导产业的比重是 47%。从出口加工区层面来看,47 个加工区中,18 个加工区选择的行业是最优的(也就是说,18 个出口加工区选择的所有主导产业都是正确的),然而有 17 个加工区的主导产业没有一个关联度高于平均关联度。大多数主导产业"选择不合适"的出口加工区(比如所选择的行业和当地的生产结构不相关)位于中国偏西的地区。①这些初步发现告诉我们应该研究影响地方政府正确选择主导产业的因素,一些可能的因素包括城市的贸易开放程度、外资使用情况以及当地政府官员基于晋升考虑选择中央政府提倡的主导产业的可能倾向,即使这些行业可能与当地的生产性结构并不高度相关。

4.6　小结

本章研究了中国出口加工区实施的出口促进产业政策对出口的影响。我们使用 1998—2007 年间建立了出口加工区的 47 个地区的数据,并利用出口促进产业政策在行业与年份间的差异,研究了该政策对出口的因果影响。我们发现,平均而言,出口加工区的成立显著地促进了被扶持行业的出口,并且当被扶持行业同当地的生产性结构保持一致时,出口加工区对出口的促进作用更大。因此,我们的结果表明,政策重点关注的行业与当地的资源和生产能力一致,会扩大出口加工区的影响。然而 47 个出口加工区中只有 18 个选择了正确的行业,也就是说所选择的行业与当地的生产性结构关联

---

① 没有一个主导产业高于平均行业关联的出口加工区分别位于内蒙古、吉林、安徽、河南、广西、陕西、重庆和新疆。

度较高;17 个出口加工区的主导产业同当地的生产性结构没有明显的联系。未来的研究可以探究什么因素影响了不同地区的主导产业同当地生产性结构之间的一致性程度。

至于行业关联度会通过什么途径提高出口加工政策的效果仍需要进一步研究。地区层面更好的出口表现是来自出口加工区中企业,还是来自从出口加工区企业到非出口加工区企业的溢出效应,仍然未知。出口加工区的企业是新建企业还是从当地其他地方搬迁至出口加工区的企业? 溢出效应是技术溢出还是出口溢出? 这些都是有待研究的重要问题。

附表 出口加工区所在地区、成立年份和主导产业

所在地区代码	成立年份	名 称	主 导 产 业
110113	2000	北京天竺出口加工区	工业自动化设备;电子信息产品;生物医药
120107	2000	天津出口加工区	电子信息;通信设备
1303	2002	河北秦皇岛出口加工区	谷物、食用油和食品加工产业;自动化和零部件;装备制造业;新型建筑材料
1310	2005	河北廊坊出口加工区	电子信息产品;光机电一体化;精密机械
1501	2002	呼和浩特出口加工区	电子信息产品;生物医药;轻工业和纺织产品;新材料产业;食品;轻工业机械
2101	2003	沈阳出口加工区	电子信息产品;生物医药;装备制造业
2102	2000	辽宁大连出口加工区	电子信息产品;机械;塑料;家用电器
2202	2000	吉林珲春出口加工区	木材加工;基于模型的材料加工;服装
310114	2005	上海嘉定出口加工区	电子信息产品;自动化和零部件;精密机械;新材料产业;光电子技术
310115	2001	上海金桥出口加工区（南区）	电子信息产品;光机电一体化;精密机械;精细化工
310117	2000	上海松江出口加工区及 B 区	生物医药;新材料产业;食品;轻工业机械;精细化工
310118	2003	上海青浦出口加工区	电子信息产品;自动化和零部件;装备制造业;精密机械;新材料产业

续表

所在地区代码	成立年份	名　　称	主　导　产　业
310120	2003	上海闵行出口加工区	电子信息产品;光机电一体化;精密机械;机械
3201	2003	江苏南京出口加工区及南区	电子信息产品;自动化和零部件;食品
3202	2002	江苏无锡出口加工区	电子信息产品;光机电一体化;精密机械;新材料产业
3204	2005	江苏常州出口加工区	电子信息产品;新材料产业;机电一体化
3205	2000	江苏苏州工业园区出口加工区及 B 区	电子信息产品;自动化和零部件;精密机械;新材料产业;机械
3206	2002	江苏南通出口加工区	电子信息产品;生物医药;精密机械;服装
3207	2003	江苏连云港出口加工区	电子信息产品;食品;机械;家具
3210	2005	江苏扬州出口加工区	电子信息产品;轻工业和纺织产品;能源节约型材料;环保设备
3211	2003	江苏镇江出口加工区	电子信息产品;自动化和零部件;光机电一体化;精密机械;光电子技术
3301	2000	浙江杭州出口加工区	电子信息产品;家用电器;通信产品
3302	2002	浙江宁波出口加工区	精密机械;轻工业和纺织产品;信息家电;集成电路
3304	2003	浙江嘉兴出口加工区	电子信息产品;机械;精密仪器
3402	2002	安徽芜湖出口加工区	新材料产业;电子电器
3501	2005	福建福清出口加工区	电子信息产品;装备制造业;精密机械;轻工业和纺织产品;食品;新能源;精细化工;消费电子产品;设备制造业;仪器及器具
3502	2000	福建厦门出口加工区	电子信息产品;生物医药;精密机械
3505	2005	福建泉州出口加工区	电子信息产品;生物医药;新材料产业;航空业;飞机零部件制造及修理
3604	2005	江西九江出口加工区	电子信息产品;新材料产业;食品;新能源;饮料
3701	2003	济南出口加工区	电子信息产品;精密机械
3702	2003	山东青岛出口加工区	电子信息产品;精密机械;新材料产业;精细化工

续表

所在地区代码	成立年份	名　称	主导产业
3706	2000	山东烟台出口加工区及 B 区	电子信息产品;新材料产业;机械;精细化工;生物工程;医学电子信息产品;新材料产业;新能源
3707	2003	潍坊出口加工区	电子信息产品;新材料产业;新能源
3710	2000	山东威海出口加工区	电子信息产品;精密机械;新材料产业;食品;医药
4101	2002	河南郑州出口加工区	电子信息产品;新材料产业;服装
4201	2000	湖北武汉出口加工区	电子信息产品;食品;机械;生物工程;饮料;医药
4310	2005	湖南郴州出口加工区	电子信息产品;精密机械;有色金属深加工
4401	2000	广东广州出口加工区	电子信息产品;生物医药;精密机械;家用电器;光电子技术;精细化工
4403	2000	广东深圳出口加工区	电子信息产品;装备制造业
4413	2005	广东惠州出口加工区	电子信息产品;自动化和零部件
4505	2003	广西北海出口加工区	电子信息产品;生物医药;新建筑材料;精密机械;精密加工
5101	2000	四川成都出口加工区及西区	电子信息产品;精密机械;光电子技术;医药;航空零部件
5107	2005	四川绵阳出口加工区	电子信息产品;生物医药;新材料产业
5301	2005	云南昆明出口加工区	电子信息产品;生物医药;新材料产业;机电一体化;钻石、珠宝和玉石加工
6101	2002	陕西西安出口加工区	电子信息产品;精细加工
6501	2003	新疆乌鲁木齐出口加工区	电子信息产品;机械;医药;建筑材料;化学产业
500112	2001	重庆出口加工区	电子信息产品;生物医药;自动化和零部件;摩托车;精细化学

资料来源:《中国开发区审核公告目录(2006 年版)》。

第5章 地方金融发展与中国企业出口

5.1 引言

近几十年来，中国银行业经历了大规模的重组，试图摆脱其以低效著称并以国家为中心的体系(Dollar and Wei，2007)。几轮改革的重点都是四家国有银行(中国银行、中国建设银行、中国农业银行和中国工商银行)的商业化，而它们仍在银行业中占据主导地位。中国还采取了一种同样雄心勃勃的并行政策，即允许新型金融机构的相继进入。许多发展中国家也推行了银行系统自由化的政策，并鼓励新参与者的进入，特别是外国参与者的进入(Claessens and Van Horen，2014)。因此，准确评估这些新银行发展的经济影响非常重要。

在改革和竞争上，经过 20 余年的蓬勃发展，截至 2021 年底，城市商业银行的总资产约为 45.1 万亿元，占中国银行业总资产的比例约为 13.1％。①顾

---

① 参见《2021 年银行业总资产、总负债(季度)》，中国银保监会网站 2022 年 2 月 11 日，https://www.cbirc.gov.cn/cn/view/pages/ItemDetail.html?docId=1018522&itemId=954&generaltype=0。自从中国加入 WTO，外资银行进入中国也受到了极大的关注(Lai et al.，2016；Lin，2011；Lin and Zhang，2009)。然而，截至 2015 年，外资银行在中国银行业资产中所占的总份额仅为 1.3％，这限制了外资银行的潜在影响。

名思义,城市商业银行最初只被允许在其发源城市运营。然而,自 2004 年以来,它们被授权在发源地以外扩展业务。城市商业银行的快速增长、更好的管理以及创新行为,使得银行间的有效市场竞争日益激烈(Ferri,2009;Lin et al.,2015)。相比于国有银行仍将贷款集中在以低效率著称的国有企业,城市商业银行则关注地方中小企业日益增长的投资贷款需求。这些企业一直是中国经济快速增长的主要动力。这表明,中国饱受争议的资本错配可能得到改善(Brandt et al.,2013;Hsieh and Klenow,2009)。然而,据我们所知,在这个问题上还没有实证研究,本章将对此进行补充。

中国金融体系的低效率主要源于政府政策导致的非市场扭曲(Allen et al.,2005;Dollar and Wei,2007)。国家主导的银行体系主要将信贷分配用于支持国有企业的发展,而民营企业的发展受到阻碍(Chen et al.,2016)。在中国的银行系统中,曾存在对国内民营企业信贷歧视的情况(Brandt and Li,2003)。相比于可从外国资本市场或其母企业获取资金的国外子公司,这些面临信贷约束的中国民营企业在出口市场表现出系统性低绩效,特别是在金融依赖行业(Manova et al.,2015)。本章提出的问题是:城市商业银行的增长是否有助于缩小这种绩效差距?

我们在分析中国地方金融发展的影响时,利用了 1997 年至 2012 年间 260 个城市的行业出口数据。我们的研究问题是,中国各地城市商业银行的发展是否放松了中国国内低效金融市场对国内民营企业出口行为的制约。我们的估计策略遵循了 Rajan 和 Zingales(1998)的大量实证文献,通过金融发展的地理差异和金融依赖程度的行业差异来识别信贷摩擦的影响(Chaney,2016;Manova,2013)。许多具有金融摩擦的异质性企业贸易模型支持使用出口数据以检测金融约束并追踪其随时间的变化(Besedeš et al., 2014；Manova et al., 2015；Muûls，2015）。这些模型基于以下观察：由于固定的进入成本、跨境运输的延误以及更大的风险，进入出口市场比进入中国当地市场需要更多的外部资金。因此，他们形成了这样一种直觉，即如果金融发展有助于使增长向金融依赖行业倾斜，则应该强调发展对出口增长的影响。

我们关注的是出口业绩，而不是更传统的绩效指标（如经济增长、销售、生产率、财务回报等），这与出口数据的各种优势有关。利用出口数据来估计城市商业银行的发展如何放松中国民营企业面临的信贷约束，有三个好处。第一，由于我们的估计策略遵循 Rajan 和 Zingales（1998）的做法，我们需要按行业和城市层面分类的数据。据我们所知，目前还没有按行业划分的城市 GDP 官方数据。它们也没有根据企业所有权类型进行详细说明。与生产数据相反，出口数据是按产品和城市层面分类的，并且覆盖了更长的时间和更近的时期（1997—2012 年），这是我们识别策略的关键。Brandt 等（2014）总结了中国工业企业年度调查中的各种问题，例如生产与生产率相关数据只涵盖 1998—2007 年样本。而只使用 1998—2007 年样本会使本章的研究损失大量样本，原因在于，大量的城市商业银行成立于 2007 年之后。第二，与只报告主要行业活动的生产数据相比，出口数据可以对活动进行更精细的行业分类。此外，生产数据不包括收入低于 500 万元的民营企业，但出口数据涵盖了中国所有的出口企业。第三，与生产数据或财务数据相比，出口数据不太可能出现测量或误报问题，这会使得估计结果更加可靠。

本章的分析建立在 Manova 等（2015）研究的基础上。该文使用 2005 年的数据发现，外国企业，尤其是外国全资企业，在中国所受的金融限制更少，可能是因为它们可以从其母国资本市场或母公司获得资金。我们使用的

1997—2012 年间数据也证实了这一结果：在金融依赖程度较高行业，外国子公司和合资企业比国内民营企业有更好的出口表现。我们对中国正在进行的金融改革的估计也检验了关于"更高的金融系统效率应该影响民营企业出口结构"的推断。我们推断，在扭曲程度更为严重的环境中，最依赖金融的行业中的企业出口将处于不利地位，而其在效率更高的金融体系中会获益更多。

本章专注于研究正经历重组的中国银行业中的一个重要部分：城市商业银行的出现。我们使用一个城市中城市商业银行分支机构的数量来衡量当地城市商业银行的发展，主要关心的变量是城市商业银行与行业金融依赖程度的交互项。我们通过观察城市商业银行分支机构数量增加时，金融依赖程度较高行业的民营企业在出口方面的相对劣势是如何降低的，来确定中国金融改革与信贷约束放松之间的关系。

基准结果显示，当一个城市有更多的城市商业银行分支机构时，在金融依赖程度较高行业中的国内民营企业的出口绩效上升更快，这降低了国内民营企业在出口市场相对于外资企业的系统性劣势。城市商业银行的发展缓解了地方民营企业面临的金融约束。然而，当用国有企业出口绩效来衡量民营企业出口对金融摩擦的敏感性时，我们发现民营企业的相对绩效有所下降。因此，虽然城市商业银行扩大了对民营企业的贷款，从而促进了它们的出口往外部融资要求更高行业中的再配置，但这并未改变国有企业在融资上的有利地位。这意味着城市商业银行带来的地方金融发展可能也没有消除对国有部门的系统性贷款偏向。在控制了企业类型所在城市或行业随时间变化的固定效应后，这些结果仍然稳健。在控制了诸如经济发展的信贷约束放松效应、外资或外资银行进入等潜在混杂因素后，这些结果仍然稳健。当我们使用行业金融依赖程度的其他代理变量时，结果也仍然是稳健的。

　　本章在文献上有如下三个方面的贡献。第一,本章补充了一国内部不同地区金融发展的经济影响的相关文献(Brandt et al.,2005;Fafchamps and Schündeln,2013;Guiso et al.,2004;Kendall,2012)。它还有助于讨论在发展中国家,新银行进入对民营企业信贷可得性的影响。发展中国家日益加强的银行机构间竞争与企业信贷约束之间的关系在相关文献中仍存在分歧。特别是关于竞争对企业获取银行信贷的直接影响,文献上仍没有定论——结论取决于样本中所包括的国家(Beck et al.,2004;Léon,2015a;Petersen and Rajan,1995)。[①]因此,基于中国不同城市金融发展数据的研究有助于更好地衡量中国金融改革的影响。只有少数几篇文献研究了中国各地金融市场改革的结果如何因地方银行的存在而产生差异。大多数研究采用的是中国省份层面的金融发展指标,但事实上同一个省内部不同城市在同一年的金融发展水平可能存在较大差异。我们使用1997—2012年中国各城市的城市商业银行机构数量来度量各地的金融发展水平,对这一不足进行了有针对性的补充,并更准确地度量了银行业改革中的新金融机构。[②]

　　第二,努力解决金融发展的内生性问题。在中国,地方政府在其管辖范围进行干预以创建城市商业银行的动机尤其强烈,而地方官员的晋升与经济增长直接相关,因此地方政府有营造良好金融条件的激励因素(Li and

---

[①] 请参照 Léon(2015b)以非洲为重点的调查。这篇文献的一部分侧重于外资银行进入的后果(1995—2009年间,外资银行的份额几乎翻了一番)。私人信贷和外资银行之间的关系主要取决于东道国和银行的特点(Claessens and Van Horen,2014;Detragiache et al.,2008)。结果表明,外资银行似乎只对低收入国家的信贷有负面影响。

[②] 衡量省级银行效率的标准是四家国有商业银行以外的其他银行的市场份额。这里只获取了到2004年的数据(Guariglia and Poncet,2008;Jarreau and Poncet,2014)。Lai 等(2016)研究了地区对外资银行进入的放开所带来的生产收益,关键变量是对外资银行限制解除的虚拟变量。

Zhou，2005）。我们的识别策略将金融发展测量与行业金融依赖程度交互，并进一步与企业所有权类型的虚拟变量交互。更确切地说，这一识别策略并不要求城市商业银行的发展对金融约束是外生的。事实上，我们的结论在城市商业银行是为了应对国有银行业的缺陷而发展起来的这一情形下还可能加强（Girardin and Ping，1997）。我们使用按企业类型加总的城市—产品—年层面出口面板数据，这样可以控制城市—年份固定效应和产品—年份固定效应，估计系数中就不会包含某一年中对城市或行业的特定冲击。

第三，现有关于中国金融改革的研究大多集中于其对 GDP 和生产率的影响上（Guariglia and Poncet，2008；Lai et al.，2016；Wang，2017）。尽管越来越多的证据表明，金融发展与出口绩效以及贸易之间存在联系，但很少有研究明确地将银行业改革与中国出口联系起来。而我们对民营企业的关注则与此相关。从 1997 年到 2012 年，中国民营部门的出口以每年 90％的惊人速度增长，是中国平均出口增长率的 5 倍。本章发现的城市商业银行对民营企业出口的正向促进作用表明，城市商业银行的成立巩固了中国经济开放的好处。此外，本章还研究了城市商业银行推动中国民营出口增长背后的微观作用机制。出口增长主要是通过目的国边际实现的：金融摩擦的缓解使得国内民营企业有能力向更多国家出口产品。我们还发现了一些证据（尽管不那么稳健），证明较低的信贷成本降低了出口价格，从而增加了出口额。

除上述贡献外，本章还同另外两支文献相关。首先，我们使用新的数据检验了一个由来已久的假说，即金融更发达的国家在金融依赖程度更高行业的出口相对更多（Beck，2002；Manova，2013）。由于我们使用的是单个国家中不同地区金融发展水平的信息，故该识别策略避免了在跨国分析中忽略法律和制度变量。其次,我们的理论结果与实证发现一致,即外国直接投资可以放松国内企业的信贷约束(Harrison et al.,2004),特别是在中国政府干预金融的背景下(Guariglia and Poncet,2008)。中国的金融压制使得国内民营企业很难与外国买家签订合同,而这为外国企业扩大股权融资创造了有利条件(Huang,2003)。我们的研究结果表明,随着城市商业银行的扩张,外国直接投资在缓解国有商业银行失灵对民营出口的不利影响上的比较优势有所下降。

本章研究城市商业银行的兴起,实质上也同Ferri(2009)所称的"新型银行"相关。我们发现城市商业银行改善了国内民营企业的融资,而Ferri发现新型银行的表现优于国有商业银行,后者背负着来自经营不善国有企业的不良贷款。本章关于城市商业银行可能也没有消除对国有部门的系统性贷款偏向的结论,与Ferri(2009)的结论是一致的,即仅靠新型银行并不能解决金融低效率问题。因此,国有商业银行改革是改善中国银行业的必要条件。

本章其余部分安排如下:在第5.2节中,我们描述城市商业银行成立与发展的背景,并给出城市商业银行的发展改善了国内民营企业融资状况的初步证据——这种改善主要是通过金融深化(即给企业提供更优惠的贷款利率)而不是金融广化(即给更多企业提供贷款)来实现的。第5.3节介绍数据与行业金融依赖程度指标的构建,并给出融资约束限制了国内民营企业的出口行为的证据。第5.4节介绍回归方程,以估计城市商业银行对国内民营企业出口的影响。第5.5节进一步深入挖掘城市商业银行影响国内民营企业出口的微观作用机制,并讨论城市商业银行是否有可能消除对国有部门的系统性贷款偏向。在第5.7节中,我们总结了本研究的发现,即城市商业银行通过金融深化缓解了民营企业融资约束并促进了其出口,但城市商业银行的发展并没有消除中国银行业对国有部门的系统性贷款偏向。

5.2　城市商业银行的发展

本节简要地介绍中国金融系统的演进过程,并在此基础上描述城市商业银行的成立与发展过程。这有助于我们理解使用城市层面的城市商业银行分支机构数量作为地方金融发展(改革)水平代理变量的合理性。同时,我们还给出了城市商业银行发展与国内民营企业贷款可得性之间关系的描述统计。

5.2.1　城市商业银行的成立

20 世纪 80 年代以来,中国对以国家为中心的低效率银行体系的改革是朝着两个互补的方向进行的。一个方向是集中改革四家国有商业银行。改革并非单向的。21 世纪初,国有银行的重要重组内容包括:注入新资本、剥离普遍存在的不良贷款、引入私人和境外战略投资者,以及在国内外证券交易所公开上市(Lin et al.,2015)。尽管有了这些改革和以市场为基础的新监管框架,但是四家国有商业银行的信贷分配似乎仍然主要是出于政策或政治动机,而非出于商业动机(Fu and Heffernan,2009;Li et al.,2008;Podpiera,2006;Zhang et al.,2016)。

中国银行业改革的另一个方向涉及来自大型国有商业银行以外的国内金融中介机构日益激烈的竞争。20 世纪 80 年代中期,中国金融体系中出现了许多新型银行,包括城市信用社、农村信用社、信托投资公司、金融企业等机构。然而,在 20 世纪 90 年代的大部分时间里,它们的规模仍然很小。1994 年金融体制改革发起时,四家国有商业银行的存贷款占银行业存贷款总额的 80%。20 世纪 90 年代中期,银行业发生了两大变化:一是城市信用合作社的改革,后来更名为城市商业银行;二是新型银行的成立,新成立了四家股份制商业银行,并有两家股份制商业银行上市,截至 2022 年 8 月,中国共有 10 家已上市的股份制商业银行。[①]

城市信用社是 20 世纪 80 年代中期出现的最具活力的新型金融机构。在利用当地信息、对借款人进行监督与发放贷款方面的比较优势,使城市信用社能够比国有银行更好地处理传统的信息不对称(Girardin and Ping,1997)。城市信用社也较少受到管制,因此能够有效地满足国有企业与非国有企业日益增长的投资贷款需求。1995 年,城市信用社被改组为城市合作银行。国务院在 1995 年的官方文件中指出,城市合作银行首先在北京、天津、上海等城市进行试点,在总结经验的基础上,再在 35 个大中城市中逐步推开。[②]《城市合作银行管理规定》要求,地方财政为最大股东,这使得地方政府在城市合作银行中发挥了重要作用。[③]城市合作银行的股东还包括当地企业、个体工商户、城市居民。城市合作银行在 1998 年更名为城市商业银行。尽管实践中地方政府通常通过城市商业银行来处理地方工程和项目,但在 1995 年国务院官方声明中,城市商业银行的目标是:融通资金,为本地区经济的发展,特别是城市中小企业的发展提供金融服务。[④]城市商业银行与国

---

　　① 股份制银行是通过重组以前的国有独资企业成立的,政府通常保持多数股权,但允许所有权结构包括私人(包括外国)资本。

　　②④ 《国务院关于组建城市合作银行的通知》(国发〔1995〕25 号),1995 年 9 月 7 日,http://www.jiangsu.gov.cn/xxgk/project/P0201605/P020160504/P020160504361298284074.pdf。

　　③ 《关于印发〈城市合作银行管理规定〉的通知》(银发〔1997〕264 号),http://www.law-lib.com/LAW/law_view.asp?id=13362。

有商业银行的一个重要区别在于,前者拥有众多股东。尽管其中一些股东本身可能就属于公共部门,也可能属于公共行政部门或国有企业,但多元化的股东使得城市商业银行的治理水平与表现更好,也较少面临对银行业务的政治干预(Ferri,2003;Ferri,2009)。

城市商业银行的发展反映了政府在银行业开放和改革方面的努力。起初,城市商业银行的业务仅限于其所在城市的城区。从 2006 年开始,符合规模和相关经营条件的城市商业银行可以在本省其他城市开设分支机构①,甚至在其他省的城市开设分支机构②。2007 年,城市商业银行获准将业务拓展至非城市地区,进一步与传统金融机构展开正面竞争。这些改革减少了银行市场的地域分割,而地域分割曾是限制城市商业银行与国有商业银行有效竞争的主要因素之一。改革还促成了一系列的并购和重组,旨在解决城市商业银行的另一个弱点:规模较小。从 2005 年开始,一些城市商业银行开始合并,以扩大规模。政府鼓励有资格的国内外资本对城市商业银行进行战略性投资,甚至允许一些城市商业银行在香港交易所进行首次公开发行。

进入 21 世纪以来,全国城市商业银行数量急剧增加。2012 年有 113 家营业的城市商业银行,而 1997 年只有 62 家。2012 年,其分支机构达到 9 000 家。③1995 年,城市商业银行仅在 21 个城市运营,1997 年增至 70 个,2002 年

---

①　在省内其他城市开设分支机构的条件包括:开业三年以上,资产总额不少于 150 亿元人民币;注册资本不少于 5 亿元人民币且为实缴资本,资本充足率不低于 8%,核心资本充足率不低于 4%。见《中国银行业监督管理委员会关于印发〈城市商业银行异地分支机构管理办法〉的通知》(银监发〔2006〕12 号)。

②　在本省以外地区开设分支机构的条件更为严格,包括:资产总额不少于 500 亿元人民币;注册资本不少于 10 亿元人民币且为实缴资本;不良贷款率(按五级分类口径)连续三年不高于 6%。见《中国银行业监督管理委员会关于印发〈城市商业银行异地分支机构管理办法〉的通知》(银监会〔2006〕12 号)。

③　城市商业银行及其分支机构数量数据来自中国银行业监督管理委员会的官方网站。

增至 109 个,2007 年增至 164 个,2012 年增至 291 个。城市商业银行开始于少数几个城市,大多是省会城市。到 2012 年,即本章研究所用样本的最后一年,城市商业银行的业务已经拓展到中国大部分城市。

中国不同地区银行业的发展历史与发展水平差异较大。因为缺乏台湾、香港和澳门地区以及海南的数据,我们将剩下的 30 个省级行政单位划分为六个组,这些组在收入、对外开放与改革定位上存在差异。首先将北京、天津、上海这三个省级城市分成一组。这三个城市的特点是人均 GDP 高、政治经济实力强、在城市商业银行创建上有领先优势。如前文所述,早在 1995 年,这三个城市就进行了第一次关于城市商业银行的试点。第二组包括东北三省——黑龙江、吉林和辽宁。这里是中国过去的重工业中心,因此国有企业在这里的影响力很大。随着沿海省份的快速发展,该地区的经济优势逐渐减弱。其余省区市被分成四组,每组六个省区市。有两组是 2000 年启动的"西部大开发"计划所对应的西部边缘地区和贫困地区:西部六省(甘肃、贵州、青海、陕西、四川和云南)分为第三组,五个自治区(广西、内蒙古、宁夏、西藏和新疆)和一个直辖市(重庆)分为第四组。第五组包括对外开放程度最高、经济改革最彻底的省份,这些省份人均 GDP 高且快速增长,包括河北、山东、福建、江苏、浙江和广东。剩下的六省分为第六组,包括山西、安徽、江西、河南、湖北和湖南。数据显示,沿海省份城市商业银行扩张最为迅速,表明人均收入(水平值和增长幅度上)与地方金融发展存在较强的正相关关系:2012 年,城市商业银行有 1/3 的分支机构(8 999 家分支机构中的 3 069 家)位于这六个省。

分析城市商业银行地理分布的决定因素超出了本章的研究范围。从理论上来看,地区经济发展水平与城市商业银行发展之间的正相关关系是符合逻辑的:一方面,经济发展水平越高,对金融发展水平的需求越高;另一方面,城市商业银行的发展也可能促进地区经济发展。更复杂的是,如果地方政府预期到城市商业银行将促进经济增长,地方官员出于晋升考虑,更有支持城市商业银行在其管辖范围内发展的激励(Li and Zhou, 2005)。这些因素都可能影响估计的准确性。在实证分析部分,我们将通过一系列的交互固定效应来控制地区经济发展水平与地方官员晋升激励等潜在混杂因素对估计结果的干扰。

5.2.2　城市商业银行与国内民营企业信贷可得性

从理论上来讲,作为地方性中小银行的城市商业银行可以通过发挥信息优势与促进银行间竞争来缓解中小企业的融资约束。一方面,扁平结构的城市商业银行相比层级结构复杂的大银行在搜集中小企业的"软信息"方面有比较优势。相比大企业,中小企业信息更不透明,缺乏财务审计报表等易于传递的标准化"硬信息",且通常不能提供充分的抵押和担保。在层级结构复杂和决策链条冗长的大银行中,信息搜集者与决策者通常不是同一人,搜集信息者难以将中小企业关于贷款资质的不可验证"软信息"富有说服力地传递给上级,因而大银行中的信息搜集者没有搜集中小企业信息的激励,中小企业也就难以从大银行获得贷款。相比之下,扁平结构的地方性中小银行由于层级结构少,信息搜集者与决策者通常是同一人,这就不存在向上级传递中小企业不可验证的"软信息"的问题,中小银行就有搜集中小企业信息并向中小企业提供贷款的激励(Berger et al., 2005; Stein, 2002; 林毅夫、李永军,2001)。另一方面,城市商业银行的崛起增加了银行之间的竞争。在中国以间接融资为主且大银行主要服务大企业的融资体系下,中小企业对银行具有较强的依赖性且谈判力较弱。城市商业银行这一地方性中小银行的崛起,增加了银行之间的市场竞争。①不同银行为了争取目标客户,不得不提供更为优惠的贷款条件。②

　　为此,我们推断城市商业银行的资本配置能力将优于占主导地位的国有银行,从而改善民营企业的信贷可得性。一些文献(如祝继高等,2012)发现,民营企业确实获得了城市商业银行贷款中的很大一部分:每家城市商业银行前 10 位的借款方中有 14.5% 是民营企业,远高于国外企业的相关数据(6.16%)。虽然这些数据并不具有直接可比性,因为它们是对所有贷款进行计算的,但 Firth 等(2009)发现,非国有企业在国有银行贷款中所占比例仅为 7%,这在一定程度上证实了相比于传统国有商业银行,城市商业银行更有可能向民营企业放贷。③

　　然而,从理论上来看,尚不清楚城市商业银行是否完全不受偏向国有行业的系统性贷款偏好的影响。在中国,现有制度中根深蒂固的企业所有制等级,使得那些即使是以营利为目标的银行也给国有部门提供了过度的贷款。国有企业在政府部门享有一系列优惠待遇,包括许可审批、政府合同、产权保护和税收等。这些优惠待遇再加上软预算约束,使国有企业获得了不公平的竞争优势,这使得银行(不仅仅是国有银行)有向国有企业优先发放贷款的激励。

　　地方政府对城市商业银行的影响也是尤为普遍的,因为城市商业银行

---

　　①　银监会 2016 年年报显示,大型商业银行占银行业金融机构总资产的比例从 2003 年的 58% 下降至了 2016 年的 37%。

　　②　此外,还有文献发现,城市商业银行比国有商业银行经营成本更低,创造利润的效率更高(Ariff and Can, 2008; Fu and Heffernan, 2009; Berger et al., 2009)。这种更好的绩效源自城市商业银行的多元化所有权结构,这在一定程度上减轻了它们的政策性贷款负担(Ferri, 2009)。

　　③　城市商业银行影响国内民营企业信贷可得性的另一可能途径是民营企业数量:因为企业所有权结构本身可能是内生于银行业所有权结构的(Brandt et al., 2005),即更有利的信贷条件可以促进民营企业的成立。

的业务基本上局限在当地。虽然一些地方政府可能比中央政府效率更高，但其他地方政府可能更官僚、更不发达。由于地方政府的压力，城市商业银行也可能出于政策性目的而不是利润最大化目标来发放贷款。城市商业银行前 10 位的借款方中，国有企业或国有资产管理企业占 33％（祝继高等，2012）。①城市商业银行能在多大程度上减少甚至加强对民营企业的信贷分配歧视仍是一个悬而未决的问题。

在第 5.4 节讨论城市商业银行与国内民营出口之间的联系之前，我们先对城市商业银行与国内民营企业信贷可得性之间的联系进行统计分析。理论上，城市商业银行可能通过两种方式来减少对民营企业的融资歧视：金融深化与金融广化（Chaney，2016）。城市商业银行的发展既可能使得企业以较低的利率获得贷款（金融深化），也可能使得更多的企业获得贷款（金融广化）。

我们使用国家统计局 1998 年至 2012 年间②的中国工业企业数据库来检验这两个机制。Brandt 等（2014）对这个数据库进行了详细的描述。虽然该数据库没有包含关于企业贷款获取来源的信息，但它提供了企业的利息支出与流动负债合计信息。我们借鉴 Aghion 等（2015）的做法来计算企业的实际贷款利率，用利息支出与流动负债合计之比来度量。这一指标显示，确实存在对国内民营企业的贷款歧视，因为它们面临的实际利率显著高于国有企业：样本期间，国有企业与民营企业的平均实际贷款利率为 2.9％ 与 4.3％。如果城市商业银行的发展导致了金融深化，我们应该观察到受信贷约束的国内民营企业所支付的实际贷款利率会降低。借鉴文献的做法，我们假设企业面临的金融约束本质上由它们所在行业金融依赖程度决定。一个行业的外部融资依赖程度与资产有形性是影响该行业中企业面

---

① 剩下的贷款流向了开发和土地交易企业，以及地方政府或政府下属企业。
② 由于 2010 年数据质量存在较大缺陷，故未使用该年数据。

临融资约束程度与克服融资约束问题的主要因素(Manova,2013)。因此,我们借鉴 Manova 等(2015)的做法,计算"外部融资依赖程度"和"资产有形性"这两个指标的第一个主成分作为行业金融依赖程度高低的代理变量。为进行稳健性检验,我们还使用了"短期营运资本需求(存货比)"作为替代指标。该指标变量由 Raddatz(2006)提出,是存货与年销售额的比率,重点关注可变成本和流动性。第5.3节将更详细地介绍这些指标的构建与数据来源。

表5.1　城市商业银行与国内民营企业贷款可得性:金融深化

被解释变量	国内民营企业支付的平均实际贷款利率 (城市—行业,1998—2012 年)(%)			
行业金融依赖程度高低	外部融资依赖程度与资产 有形性的第一主成分		存货比	
	(1)	(2)	(3)	(4)
城市商业银行分支机构数量	−0.003 2 (0.002 1)		0.003 6 (0.005 5)	
城市商业银行分支机构数量× 行业金融依赖程度高低	−0.001 3* (0.000 6)	−0.001 2* (0.000 7)	−0.041 9 (0.029 2)	−0.048 5* (0.027 8)
行业—年份固定效应	YES	YES	YES	YES
城市—行业固定效应	YES	YES	YES	YES
城市—年份固定效应	NO	YES	NO	YES
观测值个数	305 193	305 193	305 193	305 193
R 平方	0.372	0.391	0.372	0.391

注:标准误聚类在城市层面。 *** 、** 和 * 分别表示在1%、5%和10%的置信水平上显著。行业层面相关金融指标来自 Manova 等(2015)。

表5.1 检验了国内民营企业支付的平均贷款利率是否会随着城市商业银行的发展而降低,尤其是在金融依赖程度较高的行业。此时,被解释变量是城市—行业—年份层面国内民营企业的平均贷款利率。[①]表5.1 的前两列

---

① 行业为四位数 GB/T 行业,并与 36 个 ISIC 三位数行业相匹配。Manova 等(2015)提供了行业层面相关金融指标。

使用了我们首选行业金融依赖程度高低指标,该指标结合了外部融资依赖
程度与资产有形性;最后两列使用了行业库存比,它侧重于度量行业的短期
流动性需求。其中,第(1)列与第(2)列中的结果显示:城市商业银行发展与
当地民营企业平均贷款利率之间负相关,并且在金融依赖程度更高的行业
中,这种负向关系更为明显。这表明,城市商业银行的发展降低了受到融资
约束行业中民营企业的贷款成本(金融深化)。

表 5.2　城市商业银行和国内民营企业获得贷款的途径:金融广化

被解释变量	国内民营企业的贷款份额 (城市—行业,1998—2012 年)(%)			
金融依赖程度度量	外部融资依赖程度与资产 有形性的第一主成分		存货比	
	(1)	(2)	(3)	(4)
城市商业银行分支机构数量	−0.002 (0.019)		0.006 (0.028)	
城市商业银行分支机构数量× 行业金融依赖程度高低	−0.001 (0.005)	−0.005 (0.005)	0.026 (0.146)	−0.213 (0.130)
行业—年份固定效应	YES	YES	YES	YES
城市—行业固定效应	YES	YES	YES	YES
城市—年份固定效应	NO	YES	NO	YES
观测值个数	311 733	311 733	311 733	311 733
R 平方	0.441	0.481	0.441	0.481

　　注:标准误聚类在城市层面。*** 、** 和 * 分别表示在 1%、5% 和 10% 的置信水
平上显著。行业层面相关金融指标来自 Manova 等(2015)。

　　表 5.2 采用了类似的方法来检验城市商业银行发展是否可能增加民营
企业获得贷款的概率。被解释变量是城市—行业—年份层面获得了贷款的
企业数量占比。我们将企业是否有利息支出作为企业是否获得贷款的代理
变量。金融深化意味着获得贷款的企业数量或比例的增加。因此,我们预
期,如果城市商业银行的发展促进了金融广化的话,我们应该观察到城市商

业银行分支机构数量同获得贷款的企业比例正相关,尤其是在金融依赖程度较高的行业中。表 5.2 中的系数在统计上都不显著,这意味着城市商业银行的发展没有促进金融广化。

总的来说,表 5.1 与表 5.2 中的结果表明,城市商业银行的发展主要是通过金融深化(给企业提供更优惠的贷款利率),而不是金融广化(给更多企业提供贷款)来改善国内民营企业的融资状况的。

5.3　信贷约束与中国企业出口

在本节中,我们将提供融资约束给国内民营企业出口带来了系统性不利影响的经验证据。融资约束也使得外资企业相比国内民营企业在出口上更有优势,并且这种优势在金融依赖程度越高的行业中越大。

5.3.1　贸易数据

我们的关键被解释变量是出口额,数据来自中国海关数据库,包含出口年份、出口城市、出口企业的所有制类型、出口产品相应的 HS 六位数代码等信息。出口年份包含 1997—2012 年;城市包括四个直辖市与其他地级市(样本中共包括 260 个城市);所有者类型包括国有企业、民营企业、外资企业(可再分成外商独资企业与外商合资企业两类)。HS 六位数代码在 2002 年、2007 年与 2012 年依次进行了调整。我们根据联合国贸易统计署提供的对应表①,将

① HS 六位数产品随时间变化的对应表来自联合国贸易和发展会议(UNCTAD)网站,https://unstats.un.org/unsd/trade/classifications/correspondence-tables.asp。

后续各年 HS 代码统一至 1996 年版本,由此得到了 4 581 种产品。在此基础上,我们将 HS 六位数与 36 个 ISIC 三位数行业对应[①],得到产品所在行业相应金融脆弱程度指标(Manova et al.,2015)。

5.3.2　回归方程

在 Manova 等(2015)研究的基础上,我们识别了融资约束对中国不同类型所有制企业出口的影响。我们的数据结构为:城市—HS 六位数产品—所有制类型—年份(1997—2012 年)层面加总数据。被解释变量为:在 t 年城市 c 中所有制类型为 F 的企业的 HS 六位数产品 k 的出口额。关键解释变量为产品所在行业的金融依赖程度指标(*Financial Vulnerability*)与出口企业所有类型(*Firm Type*)的交互项,各种类型所有制企业中,外商独资企业面临的融资约束最少,故将其作为基准组。控制变量包括城市—HS 六位数产品—年份固定效应和城市—年份—所有制固定效应。前者可以控制城市—产品层面逐年变化的所有因素的影响,而后者可以控制城市—所有制层面逐年变化的所有因素的影响;当然,这两组固定效应中都包含了城市逐年变化的经济发展水平与晋升激励等潜在混杂因素,可以有效地控制上文提到的遗漏地区经济发展水平等带来的内生性问题。具体的回归方程为:

$$\ln Export_{ckt}^{F} = \beta^{F} Financial Vulnerability_{s} \times FirmType^{F} + \mu_{ckt} + \nu_{ct}^{F} + \epsilon_{ckt}^{F}$$

$$(5.1)$$

[①]　这一对应过程中用到了世界综合贸易解决方案(WITS)提供的对应表:https://wits.world-bank.org/product_concordance.html。

5.3.3 国内民营企业的融资约束

我们推断:因为民营企业相比外商独资企业面临更大的融资约束,故行业金融依赖程度越高时,民营企业同外商独资企业在出口上的差距越大;外商合资企业也会呈现出类似的现象,不过它同外商独资企业在出口上的差距会比民营企业少,因为外商合资企业也有机会从外资母公司或母国获得贷款。

我们还可以进一步考虑国有企业的融资问题。一方面,因为国有商业银行的贷款存在着向国有企业的系统性偏向(Park and Sehrt,2001),国有企业在融资上存在"软预算约束"问题,即相比民营企业,国有企业更少面临融资约束。从这个角度来看,相比民营企业,国有企业应该在金融依赖程度高的行业更具比较优势,即我们预期国有企业同外商独资企业在金融依赖程度较高的行业中的出口差距,要小于民营企业同外商独资企业之间的相应差距。但另一方面,国有企业的经营管理效率又低于民营企业(Dollar and Wei,2007;Khandelwal et al.,2013;Song et al.,2011)。国有企业的出口决策部分是出于政策考虑,而非完全出于利润最大化考虑(Manova et al.,2015)。政府可以通过补贴、管制等方式来影响国有企业的生产与出口行为。从这个角度来看,相比民营企业,国有企业在金融依赖程度高的行业又不一定更具比较优势。综合而言,从理论上我们无法判断民营企业与国有企业二者在金融依赖程度较高行业中的出口比较优势孰高孰低。

表5.3报告了回归方程(5.1)的相应估计结果。该表前两列建立在Manova等(2015)的基础上,我们考虑了三种类型的所有制企业:以外商独

资企业为基准组,将民营企业与外商合资企业同其作对比。不管使用外部融资依赖程度与资产有形性的第一主成分还是存货比作为行业金融依赖程度高低的代理变量,我们都发现:行业金融依赖程度越高时,民营企业同外商独资企业的出口差距越大。也就是说,国内民营企业确实面临融资约束。在金融依赖程度较高的行业中,民营企业同外商合资企业之间也存在出口差距,不过这小于它同外商独资企业之间的出口差距。因此,估计结果证实了信贷约束因企业类型而异,外资企业缓解了金融市场不完善对贸易的制约(Manova et al.,2015;Jarreau and Poncet,2014)。

表 5.3　企业所有制类型与出口

被解释变量	ln出口值(城市/HS 六位数产品/企业类型/年份)			
金融依赖程度度量	外部融资依赖程度与资产有形性的第一主成分	存货比	外部融资依赖程度与资产有形性的第一主成分	存货比
	(1)	(2)	(3)	(4)
金融依赖程度×国内民营企业	−0.376 ***	−7.980 ***	−0.343 ***	−6.505 ***
	(0.040 1)	(0.965)	(0.039)	(0.950)
金融依赖程度×合资企业	−0.145 ***	−5.261 ***	−0.145 ***	−5.276 ***
	(0.031)	(0.971)	(0.030)	(0.958)
金融依赖程度×国有企业			−0.233 ***	−1.909 ***
			(0.036)	(0.937)
城市—企业类型—年份固定效应	YES	YES	YES	YFS
城市—HS 六位数产品—年份固定效应	YES	YES	YES	YES
观测值个数	6 500 133	6 500 133	12 232 419	12 232 419
R 平方	0.700	0.700	0.665	0.665

　　注:本表显示了信贷约束对不同行业的城市—产品出口的影响因为企业类型不同而存在差异。第(1)列和第(2)列分别将国内民营企业和合资企业与完全外资企业比较。第(3)列和第(4)列进行国内民营企业、国有企业和合资企业与完全外资企业的比较。括号中为异方差稳健标准误。标准误聚类在城市层面。 *** 、 ** 和 * 分别表示在 1%、5% 和 10% 的置信水平上显著。行业层面的金融依赖程度指数取自 Manova 等(2015)。

表5.3的最后两列中,行业金融依赖程度高低与是否国有企业的交互项显著为负,表明在金融依赖程度较高的行业中,国有企业同外商独资企业之间也存在出口差距。不过这一交互项的系数的绝对值要小于私营企业的相应交互项。这进一步表明,国有企业同外商独资企业在金融依赖程度较高行业中的出口差距,小于民营企业同外商独资企业之间的相应差距。这一发现同国有企业在获得国内银行的贷款上处于优势地位是一致的(Dollar and Wei,2007)。这也意味着"软预算约束"给国有企业带来的融资便利对其出口的正向影响可能占主导。

总体而言,表5.3表明,行业金融依赖程度越高时,民营企业同外商独资企业的出口差距越大。在同时考虑了国有企业的融资问题时,这一结论仍然成立。

5.4 城市商业银行与民营企业出口

5.4.1 回归方程

在本节中,我们通过双重差分方法来估计城市商业银行的发展是否缓解了融资约束对金融依赖程度较高行业中民营企业的出口额。具体而言,我们使用民营企业样本,估计如下回归方程:

$$\ln PrivateExport_{ckt} = \beta CityCommercialBanks_{ct} \times FinancialVulnerability_s +$$
$$\mu_{ck} + \nu_{kt} + \lambda_{ct} + \epsilon_{ckt} \tag{5.2}$$

其中 $PrivateExport_{ckt}$ 是在 t 年城市 c 中的民营企业在 HS 六位数产品中的

出口额。$CityCommercialBanks_{ct}$ 是指在 t 年城市 c 中的城市商业银行分支机构数量。$FinancialVulnerability_s$ 是上文中提到的两个行业层面金融依赖程度指标。控制变量包括城市—HS 六位数产品固定效应,以控制城市—HS 六位数产品层面不随时间改变的因素,包括各个城市初始的产品专业化,这一组固定效应同时也控制了行业层面不随时间变化的因素,包括行业层面金融依赖程度。控制变量也包括 HS 六位数产品—年份固定效应,以控制产品层面随时间变化的因素,包括对所有城市而言的相同的、产品层面逐年变化的供给冲击与需求冲击等。控制变量还包括城市—年份固定效应,以控制城市层面随时间变化的因素,包括经济发展水平等;这一组固定效应同时控制了地方金融发展水平,这意味着识别我们关心的系数 β 所用的变异(variation)来自同一年同一城市不同行业间。考虑到同一个城市不同观测值随机扰动项之间可能存在相关性,我们将标准误聚类在城市层面(Moulton,1990)。

5.4.2　回归结果

表 5.4 报告了对回归方程式(5.2)的各种估计结果。第(1)列与第(5)列估计的是式(5.2),但未控制城市—年份固定效应。此时,城市商业银行数量前面的系数显著为正,表明城市商业银行的发展确实促进了民营企业的出口;并且城市商业银行数量与行业金融依赖程度高低的交互项显著为正,表明城市商业银行对民营企业出口的正向促进作用在行业金融依赖程度越高的行业中越大。但如上文所述,这两列的估计中遗漏了地方经济发展水平与地方领导人的晋升激励,二者可能同时与当地城市商业银行的发展与企业出口相关。为此,第(2)列与第(6)列进一步控制了城市—年份固定效应

交互项,这样我们就控制了城市层面逐年变化的所有因素(包括这两个潜在混杂因素)对估计结果的干扰。此时,我们感兴趣的关键解释变量——城市商业银行数量与行业金融依赖程度高低的交互项的系数仍然显著为正,即在金融依赖程度越高的行业中,城市商业银行对民营企业出口的促进作用越大,再次验证了本研究估计结果的可靠性。

尽管如此,理论上仍然可能存在一些城市层面随时间变化的因素,这些因素不仅与当地城市商业银行的数量相关,而且对民营企业出口额的影响还可能随行业金融依赖程度的变化而变化。类似的因素可能既包括前文提到过的地区经济发展水平,也包括各类园区或开发区数量、当地使用外商直接投资情况等。经济越发达地区或各类园区、开发区数量越多的地区,更有可能是地方进入发展水平较高的地区。外商直接投资可能是中国银行业不发达地区克服金融市场不完善的替代方式(Guariglia and Poncet,2008)。我们使用城市流入的 FDI 占 GDP 的比例、相关虚拟变量作为当地吸引外商直接投资情况的代理变量(Wang,2013)。为促进对外开放,中国从 1979 年开始就陆续在全国各地设立了各种开发区,包括经济特区、经济技术开发区、高新技术产业开发区、出口加工区与保税区等。这些开发区享有了一系列税率、土地使用、补贴等相关优惠政策,而这些优惠政策会影响出口,还可能同关键解释变量相关。[①]为此,我们在表 5.3 第(3)列与第(6)列控制了这一系列潜在混杂因素与行业金融依赖程度的交互项。此时,我们感兴趣的关键解释变量——城市商业银行数量与行业金融依赖程度高低的交互项的

---

① 我们从国家发展和改革委员会、国土资源部、建设部于 2006 年发布的《中国开发区审核公告目录》与历年海关数据库中,获得了各个城市成立各种类型开发区相关信息。海关数据中每一家企业都包含一个五位数代码,该代码的最后一位数字表示企业所在开发区的类型:1 表示经济特区,2 表示经济技术开发区,3 表示高新技术开发区,4 表示保税区,5 表示出口加工区。经济特区与经济技术开发区主要是为了吸引外商直接投资和发展制造业,我们把二者归为一类。这样,各类开发区可以分为四类。

系数仍然显著为正。

　　同一时期,同中国城市商业银行改革与发展相伴随的还有外资银行的进入。外资银行进入中国市场带来的银行间竞争加剧也可能影响民营企业的出口。正如中国加入 WTO 的条款中所声明的那样:上海、深圳、天津和大连在中国加入 WTO 的当年就取消对外资银行进入限制;广州、珠海、青岛、南京、武汉在中国加入 WTO 一年内取消限制;济南、福州、成都、重庆在中国加入 WTO 两年内取消限制;昆明、北京和厦门在中国加入 WTO 三年内取消限制;汕头、宁波、沈阳、西安在中国加入 WTO 四年内取消限制。到 2006 年,所有其他城市取消对外资银行进入的限制。在表 5.4 的第(4)列与第(8)列中,我们进一步控制各个城市对外资银行开放的虚拟变量①与行业金融依赖程度虚拟变量的交互项,来控制外资银行进入中国市场可能存在的对估计结果的干扰。该交互项的系数在第(4)列中显著为正,在第(8)列中不显著。此时,我们感兴趣的关键解释变量——城市商业银行数量与行业金融依赖程度高低的交互项的系数仍然显著为正,且其大小相比第(3)列与第(7)列基本不变。

　　表 5.4 中对回归方程(5.2)的各列估计结果显示,在控制了一系列潜在混杂因素之后,不管使用外部融资依赖程度与资产有形性的第一主成分还是存货比作为行业金融依赖程度高低的代理变量,我们都发现,在金融依赖程度越高的行业中,城市商业银行对民营企业出口的促进作用越大。这意味着城市商业银行确实降低了民营企业的融资约束。

　　上述估计结果是可信的。首先,我们控制了城市—年份固定效应的交互项,这些固定效应控制了城市层面随时间变化的所有可观测与不可观测

①　借鉴 Lai 等(2016)的做法,我们也构建了城市当年是否对外资银行开放的虚拟变量:开放时取值为 1,否则为 0。

表 5.4 城市商业银行分支机构数量与民营企业出口额

被解释变量	ln出口值（城市/HS六位数产品/企业类型/年份）							
金融依赖程度度量	外部融资依赖程度与资产有形性的第一主成分				存货比			
	(1)	(2)	(3)	(4)	(5)	(6)	(7)	(8)
CCB	0.034***				0.010***			
	(0.003)				(0.003)			
分支机构数								
CCB分支机构数×金融依赖程度	0.0019***	0.0019***	0.0011*	0.0012**	0.144***	0.136***	0.097***	0.097***
	(0.0005)	(0.0005)	(0.0005)	(0.0005)	(0.018)	(0.019)	(0.021)	(0.021)
lnGDP/POP×金融依赖程度			0.0251	0.020			2.524	2.528
			(0.049)	(0.049)			(2.135)	(2.131)
FDI/GDP×金融依赖程度			−0.072***	−0.073***			−2.047	−2.047
			(0.015)	(0.014)			(0.575)	(0.576)
FDI区×金融依赖程度			0.086*	0.083*			1.793	1.795
			(0.046)	(0.046)			(1.564)	(1.568)
高技术区×金融依赖程度			−0.062	−0.060			−1.051	−1.053
			(0.096)	(0.096)			(3.636)	(3.637)
加工区×金融依赖程度			0.158***	0.152***			9.817***	9.821***
			(0.036)	(0.035)			(1.505)	(1.492)
贸易区×金融依赖程度			0.253***	0.255***			5.395**	5.394**
			(0.079)	(0.080)			(2.109)	(2.109)
外国银行×金融依赖程度				0.077**				−0.060
				(0.036)				(1.358)

续表

被解释变量	ln 出口值（城市/HS 六位数产品/企业类型/年份）							
金融依赖程度度量	外部融资依赖程度与资产有形性的第一主成分					存货比		
	(1)	(2)	(3)	(4)	(5)	(6)	(7)	(8)
HS 六位数产品—年份固定效应	YES	YES	YES	YES	YES	YES	YES	YES
城市—HS 六位数产品固定效应	YES	YES	YES	YES	YES	YES	YES	YES
城市—年份固定效应	NO	YES	YES	YES	NO	NO	YES	YES
观测值个数	5 350 724					5 350 724		
R 平方	0.581	0.635	0.635	0.635	0.581	0.635	0.635	0.635

注：CCB 是城市商业银行的缩写。这个表格显示了以地方城市商业银行分支机构的数量为代理变量，地方城市商业银行发展对中国各行业的民营企业出口额出口产品出口额大小取决于行业的金融依赖程度。括号中为稳健异方差稳健标准误。标准误差聚类在城市层面。行业层面的金融依赖程度指数取自 Manova 等（2015）。***、** 和 * 分别表示在 1%、5% 和 10% 的置信水平上显著。

因素的影响,包括地区金融与经济发展水平等,所以我们的估计并不要求城市商业银行的发展外生于当地金融与经济发展水平。其次,如果城市商业银行是因为地区受到融资约束的民营企业的发展带来的融资需求上升而发展起来的话①,则遗漏了该变量只会导致低估结果。②与此同时,我们控制了一系列城市层面随时间变化的经济特征与行业金融依赖程度变量的交互项。再次,我们还进行了一系列稳健性检验。广东省的出口占中国总出口的约1/4,我们在删除广东省样本之后复制了表5.4第(4)列的回归。考虑到东部沿海省份与其他省份在经济外向程度和吸引外资等方面的明显差异,我们在删除沿海省份样本之后复制了表5.4第(4)列的回归。考虑到自治区与其他省份在政治自治、地理位置和面积等方面的显著差异,我们在删除自治区(内蒙古、广西、宁夏、新疆、西藏)样本之后复制了表5.4第(4)列的回归。类似地,我们还估计了删除外资银行进入时间早于2006年的城市样本之后的回归方程,以及删除金融依赖程度最高与最低的各三个行业样本之后的回归方程。在考虑了上述各种因素之后,本章的结论仍不变。我们还估计了把由外部融资依赖程度与资产有形性的第一主成分得到的行业金融依赖程度换成由存货比得到的行业金融依赖程度,结论仍然稳健。

总而言之,上述分析表明,在金融依赖程度越高的行业中,城市商业银行对民营企业出口的促进作用越大。这意味着城市商业银行确实降低了民营企业的融资约束。这一发现同本章第5.2.2节中城市商业银行的发展降低了受到融资约束行业中民营企业贷款成本(金融深化)的发现是一致的。不过,有两个问题仍不明确:城市商业银行是通过怎样的微观作用机制来促

---

①   中国的金融改革很大程度上是中央计划的而非市场需求推动的。如第5.2节所述,中国第一批城市商业银行所在城市的确是典型的试点制。

②   因为被遗漏的"地区受到融资约束的民营企业的发展带来的融资需求"同关键解释变量正相关,且同被解释变量负相关,因此由遗漏变量公式可知,遗漏该变量会低估关键解释变量的系数。

进民营企业出口的？城市商业银行是否消除了对民营企业的系统性贷款歧视？这是本章接下来要研究的问题。

5.5　机制分析

本节研究城市商业银行促进民营企业出口的微观作用机制。理论上，城市商业银行缓解了民营企业的融资约束之后，可以通过如下两个机制来促进其出口额。一方面，因为进入不同的出口市场面临不同的固定成本，因此面临融资约束的企业无法将其产品出口至所有目的国：当企业面临较强融资约束时，它会优先将产品出口至市场需求较大、进入固定成本较低的国家，因为将产品出口至这些国家的利润更高；随着企业融资约束的缓解，它开始有能力将产品出口至市场需求较低或进入成本较高的国家，即缓解融资约束会增加企业出口目的国的数量，进而增加企业出口额。Manova 等（2015）与 Chan 和 Manova（2015）使用跨国双边贸易数据对这一推论进行了检验，发现现实中一国的出口目的国确实呈现出同理论推断一致的特征。同时，民营企业贷款成本的下降会降低其生产的边际成本，而生产边际成本的下降会降低企业的出口产品价格，进而增加企业出口额。

表 5.5 借鉴 Manova 等（2015）的实证策略，检验了第一个微观作用机制。回归中的被解释变量为城市—HS 六位数产品—年份层面的出口目的国数量。不管使用外部融资依赖程度与资产有形性的第一主成分还是存货比作为行业金融依赖程度高低的代理变量，我们都发现：在控制了一系列潜在混杂因素之后，在金融依赖程度越高的行业中，当地城市商业银行发展对民营企业出口目的国数量的促进作用越大。这一发现同 Manova 等（2015）

的结论一致,意味着城市商业银行的发展,使得民营企业更有能力为出口固定成本融资,进而更有能力将其产品出口至更多的目的国。

表5.5 城市商业银行分支机构数量与出口目的国数量

被解释变量	ln国内民营出口的目的国数量（城市/HS 六位数产品/年份）			
金融依赖程度度量	外部融资依赖程度与资产有形性的第一主成分		存货比	
	(1)	(2)	(3)	(4)
城市商业银行分支机构数×金融依赖程度	−0.000 24*	−0.000 22*	0.018***	0.016***
	(0.000 1)	(0.000 1)	(0.004)	(0.005)
lnGDP/POP×金融依赖程度	0.010	0.014	0.046	0.573
	(0.012)	(0.013)	(0.493)	(0.506)
FDI/GDP×金融依赖程度	−0.014***	−0.013***	−0.347***	−0.316**
	(0.004)	(0.005)	(0.132)	(0.134)
FDI区×金融依赖程度	−0.006	−0.006	0.676*	0.700*
	(0.010)	(0.010)	(0.386)	(0.405)
高技术区×金融依赖程度	0.041**	0.041**	−0.899	−0.895
	(0.020)	(0.020)	(0.869)	(0.882)
加工区×金融依赖程度	−0.003	−0.003	0.494**	0.498**
	(0.007)	(0.007)	(0.216)	(0.223)
贸易区×金融依赖程度	0.031*	0.029*	0.328	0.266
	(0.017)	(0.017)	(0.505)	(0.499)
外国银行×金融依赖程度		−0.015**		−0.740***
		(0.007)		(0.235)
HS六位数产品一年固定效应	YES	YES	YES	YES
城市—HS六位数产品固定效应	YES	YES	YES	YES
城市—年固定效应	YES	YES	YES	YES
观测值个数	1 440 645	1 440 645	1 440 645	1 440 645
R 平方	0.852	0.852	0.852	0.852

注:本表显示了以地方城市商业银行分支机构的数量为代理变量,地方建设银行发展对中国不同行业民营企业在城市产品层面服务的国家数量的影响,影响大小取决于行业的金融依赖程度。括号中为异方差稳健标准误。标准误聚类在城市层面。 *** 、** 和 * 分别表示在1%、5%和10%的置信水平上显著。行业层面的金融依赖程度指数取自 Manova 等(2015)。

表 5.6 复制了表 5.5 的回归,只是被解释变量换成了城市—HS 六位数产品一年份层面的出口产品单价。估计结果显示,不管使用外部融资依赖程度与资产有形性的第一主成分还是存货比作为行业金融依赖程度高低的代理变量,我们都发现,在控制了一系列潜在混杂因素之后,在金融依赖程度越高的行业中,当地城市商业银行发展对民营企业出口产品单价的降低作用越明显。[①]这一估计结果表明,国内民营企业在一定程度上将城市商业银行发展带来的融资成本下降传递给了国外消费者。

总的来说,本节检验了城市商业银行促进国内民营企业出口的微观作用机制。出口额的增加一方面源自出口目的国数量的增加:城市商业银行的发展,使得民营企业更有能力为出口固定成本融资,进而更有能力将其产品出口至更多的目的国。出口额的增加另一方面源自出口产品单价的下降:国内民营企业在一定程度上将城市商业银行发展带来的融资成本下降传递给了国外消费者。

表 5.6　城市商业银行分支机构数量和出口产品单价

被解释变量	ln国内民营出口产品单价 (城市/HS 六位数产品/年份)			
金融依赖程度度量	金融依赖性和资产 有形中最主要的成分		库存比	
	(1)	(2)	(3)	(4)
城市商业银行分支机构数× 金融依赖程度	−0.000 14	−0.000 16	−0.010***	−0.011***
	(0.000 14)	(0.000 13)	(0.004)	(0.004)
lnGDP/POP×金融依赖程度	0.042**	0.045**	1.644***	1.749***
	(0.018)	(0.019)	(0.460)	(0.468)
FDI/GDP×金融依赖程度	−0.016**	−0.015**	−0.049	−0.029
	(0.007)	(0.007)	(0.160)	(0.159)

[①]　不过,当使用外部融资依赖程度与资产有形性的第一主成分作为行业金融依赖程度的代理变量时,估计结果在统计上不显著。

续表

被解释变量	ln国内民营出口产品单价 （城市/HS 六位数产品/年份）			
金融依赖程度度量	金融依赖性和资产 有形中最主要的成分		库存比	
	(1)	(2)	(3)	(4)
FDI 区×金融依赖程度	−0.036	−0.035	−0.408	−0.392
	(0.044)	(0.044)	(1.424)	(1.410)
高技术区×金融依赖程度	0.027	0.027	0.284	0.286
	(0.028)	(0.029)	(0.973)	(0.983)
加工区×金融依赖程度	−0.009	−0.009	−0.192	−0.202
	(0.007)	(0.007)	(0.263)	(0.257)
贸易区×金融依赖程度	−0.028	−0.029	0.060	0.021
	(0.025)	(0.025)	(0.699)	(0.706)
外国银行×金融依赖程度		−0.014 *		−0.466 *
		(0.007)		(0.263)
HS 六位数产品—年固定效应	YES	YES	YES	YES
城市—HS 六位数产品固定效应	YES	YES	YES	YES
城市—年固定效应	YES	YES	YES	YES
观测值个数	1 440 423	1 440 423	1 440 423	1 440 423
R 平方	0.903	0.903	0.903	0.903

注:本表显示了以地方城市商业银行分支机构的数量为代理变量,地方城市商业银行发展对中国不同行业民营企业在城市产品层面的平均出口产品单价的影响,影响大小取决于行业的金融依赖程度。括号中为异方差稳健标准误差。标准误聚类在城市层面。 *** 、** 和 * 分别表示在 1%、5% 和 10% 的置信水平上显著。行业层面的金融依赖程度指数取自 Manova 等(2015)。

5.6 城市商业银行与不同所有制企业之间的出口差距

本节研究城市商业银行是否消除了对民营企业的系统性贷款歧视。具体而言,因为外商独资企业面临最少的融资约束,因此我们仍然将外商独资

企业作为基准组,检验城市商业银行的发展是否缩小了民营企业与外商独资企业之间的出口差距。为此,我们设置如下回归方程:

$$\ln Export_{ckt}^{F} = \beta CityCmmercialBanks_{ct} \times FinancialVulnerability_{s} \times$$

$$Private + \mu_{kt}^{F} + \nu_{ck}^{F} + \lambda_{ct}^{F} + \epsilon_{ckt}^{F} \tag{5.3}$$

此时被解释变量为城市—HS 六位数产品—所有制—年份层面的出口额。我们仅使用了外商独资企业样本与民营企业样本。$Private$ 表示是否为民营企业,外商独资企业是基准组。关键解释变量为当地城市商业银行分支机构数量、HS 六位数产品所在行业金融依赖程度与是否民营企业虚拟变量三者的交互项。回归方程(5.3)实质上是在比较城市商业银行的发展是否缩小了国内民营企业同外商独资企业在融资约束程度较高行业中的出口差距:β 显著为正表明出口差距缩小了,反之则没有。我们还控制了城市—HS 六位数产品—所有制类型固定效应、城市—年份—所有制类型固定效应、HS 六位数产品—年份—所有制类型固定效应。第一组固定效应可以控制外商独资企业与民营企业在城市—HS 六位数产品层面的所有可观测与不可观测差异。例如,两种所有制企业可能在不同城市的不同 HS 六位数产品上有不同的初始比较优势或不同的初始金融依赖程度。第二组固定效应可以控制外商独资企业与民营企业在城市—年份层面的所有可观测与不可观测差异。例如,两种所有制企业可能在不同城市的不同年份面临不同的政策环境。第三组固定效应可以控制外商独资企业与民营企业在 HS 六位数产品—年份层面的所有可观测与不可观测差异。例如,两种所有制企业可能在不同 HS 六位数产品上面临随时间变化的不同需求与供给冲击。此外,我们还控制了第 5.4 节提到的那些城市层面随时间变化的可观测因素、行业金融依赖程度和是否民营企业虚拟变量构成的三次交互项。

表 5.7 的估计结果显示,不管使用外部融资依赖程度与资产有形性的第一主成分还是存货比作为行业金融依赖程度高低的代理变量,我们都发现,在控制了一系列潜在混杂因素之后,β 的估计值显著为正。这表明在金融依赖程度越高的行业中,城市商业银行的发展对缩小民营企业与外商独资企业之间出口差距的作用就越大。外商独资企业面临的融资约束比较小,故这一发现意味着城市商业银行的发展确实显著地缩小了国内民营企业同外商独资企业之间的融资差距。

表 5.7   城市商业银行分支机构数量和国内民营企业与外资企业出口绩效差距

被解释变量	ln国内民营和外资企业出口值 (城市/HS 六位数产品/企业类型/年份)			
金融依赖程度度量	金融依赖性和资产 有形中最主要的成分		库存比	
	(1)	(2)	(3)	(4)
城市商业银行分支机构数× 金融依赖程度	0.001 4***	0.001 4***	0.043**	0.042**
	(0.000 5)	(0.000 5)	(0.021)	(0.020)
lnGDP/POP×金融依赖程度	0.081	0.067	2.772	2.974
	(0.075)	(0.076)	(3.020)	(3.035)
FDI/GDP×金融依赖程度	−0.035	−0.036	−0.156	−0.138
	(0.025)	(0.024)	(0.532)	(0.534)
FDI 区×金融依赖程度	0.082	0.081	1.806	1.823
	(0.094)	(0.094)	(2.256)	(2.253)
高技术区×金融依赖程度	−0.066	−0.065	−0.900	−0.915
	(0.118)	(0.119)	(5.214)	(5.175)
加工区×金融依赖程度	−0.037	−0.037	−0.648	−0.655
	(0.041)	(0.041)	(1.059)	(1.047)
贸易区×金融依赖程度	−0.129	−0.127	−0.991	−1.019
	(0.084)	(0.084)	(1.674)	(1.683)
外资银行×金融依赖程度		0.036		−0.644
		(0.041)		(0.998)
HS 六位数产品—年固定效应	YES	YES	YES	YES

续表

被解释变量	ln国内民营和外资企业出口值 （城市/HS 六位数产品/企业类型/年份）			
金融依赖程度度量	金融依赖性和资产 有形中最主要的成分		库存比	
	(1)	(2)	(3)	(4)
城市—HS 六位数产品固定效应	YES	YES	YES	YES
城市—年固定效应	YES	YES	YES	YES
观测值个数	6 480 356	6 480 356	6 480 356	6 480 356
R 平方	0.912	0.912	0.912	0.912

注：本表考察了地方城市商业银行发展对不同行业国内民营企业和完全外资企业在不同行业城市—产品出口的影响。括号中为异方差稳健标准误。标准误聚类在城市层面。 *** 、** 和 * 分别表示在 1％、5％和 10％的置信水平上显著。行业层面的金融依赖程度指数取自 Manova 等（2015）。

不过上述估计还无法回答城市商业银行的发展是否消除了中国银行业对国有部门的系统性贷款偏向。为回答这一问题，我们在表 5.7 使用样本的基础上进一步加入了国有企业样本，并在回归方程(5.3)的基础上进一步加入了当地城市商业银行分支机构数量、HS 六位数产品所在行业金融依赖程度和是否国有企业虚拟变量三者的交互项，记为 γ。通过检验该三者构成的交互项的系数同回归方程(5.3)中 β 的大小是否存在显著差异，我们就可以回答上述问题。与此同时，我们还控制了城市—企业所有制类型—HS 六位数产品固定效应、HS 六位数产品—企业所有制类型—年份固定效应、城市—企业所有制类型—年份固定效应、城市—HS 六位数产品—年份固定效应，以及一系列城市层面随时间变化的可观测特征、行业层面金融依赖程度和企业所有制类型虚拟变量构成的三次交互项。

表 5.8 的估计结果显示，不管使用外部融资依赖程度与资产有形性的第一主成分还是存货比作为行业金融依赖程度高低的代理变量，我们都发现，

在控制了一系列潜在混杂因素之后,γ 的估计值都显著为正。这表明在金融依赖程度越高的行业中,城市商业银行的发展对缩小国有企业与外商独资企业之间出口差距的作用就越大。外商独资企业面临的融资约束比较小,故这一发现意味着城市商业银行的发展也显著地缩小了国有企业同外商独资企业之间的融资差距。表5.8的各列回归中,β 的估计值也显著为正。在此基础上,我们还进一步检验了 γ 与 β 是否存在显著差异。F 统计量显示,二者确实存在显著差异。[①]这意味着,相比国内民营企业,国有企业从城市商业银行的发展中获得了更多的融资便利。换言之,城市商业银行的发展可能并没有消除了中国银行业对国有部门的系统性贷款偏向。

表5.8　城市商业银行对国内民营、外资与国有企业出口的差异性影响

被解释变量	ln国内民营、外资和国有企业出口额 (城市/HS六位数产品/企业类型/年份)			
金融依赖程度度量	金融依赖性和资产 有形性中最主要的成分		库存比	
	(1)	(2)	(3)	(4)
城市商业银行分支机构数× 金融依赖程度×民营	0.001**	0.001**	0.031*	0.030*
	(0.000 4)	(0.000 4)	(0.016)	(0.016)
lnGDP/POP×金融依赖程度×民营	0.045	0.039	2.79	3.023
	(0.066)	(0.064)	(2.986)	(2.945)
FDI/GDP×金融依赖程度×民营	−0.031*	−0.032*	−0.338	−0.305
	(0.017)	(0.017)	(0.466)	(0.465)
FDI区×金融依赖程度×民营	0.045 4	0.045 1	1.584	1.623
	(0.069)	(0.069)	(1.540)	(1.535)
高技术区×金融依赖程度×民营	0.024	0.027	−8.092***	−8.119***
	(0.221)	(0.222)	(1.961)	(1.930)
加工区×金融依赖程度×民营	−0.027	−0.029	−0.288	−0.281
	(0.035)	(0.035)	(1.057)	(1.047)

---

①　具体的显著性水平取决于度量行业金融依赖程度所使用的指标:当使用外部融资依赖程度与资产有形性的第一主成分来度量时,显著性水平为11%或12%;当使用存货比来度量时,显著性水平为4%或3%。

续表

被解释变量	ln国内民营、外资和国有企业出口额 （城市/HS 六位数产品/企业类型/年份）			
金融依赖程度度量	金融依赖性和资产 有形性中最主要的成分		库存比	
	（1）	（2）	（3）	（4）
贸易区×金融依赖程度×民营	−0.103 (0.073)	−0.103 (0.073)	−1.252 (1.709)	−1.296 (1.781)
外国银行×金融依赖程度×民营		0.023 (0.037)		−0.914 (1.018)
城市商业银行分支机构数× 金融依赖程度×国有	0.001 6*** (0.000 6)	0.001 6*** (0.000 6)	0.054*** (0.020)	0.054*** (0.020)
lnGDP/POP×金融依赖程度×国有	−0.035 (0.062)	−0.040 (0.062)	1.033 (2.612)	1.084 (2.608)
FDI/GDP×金融依赖程度×国有	−0.003 4 (0.011)	−0.004 (0.011)	0.331 (0.473)	0.336 (0.475)
FDI 区×金融依赖程度×国有	0.054 (0.060)	0.054 (0.060)	−0.724 (1.718)	−0.733 (1.715)
高技术区×金融依赖程度×国有	0.089 (0.075)	0.093 (0.075)	1.476 (1.494)	1.442 (1.456)
加工区×金融依赖程度×国有	0.000 4 (0.036)	−0.002 (0.037)	0.858 (1.094)	0.862 (1.080)
贸易区×金融依赖程度×国有	−0.128*** (0.041)	−0.129*** (0.042)	−1.467 (1.509)	−1.455 (1.501)
外资银行×金融依赖程度×国有		0.025 (0.039)		−0.216 (1.025)
城市—企业类型—HS 六位数产品 固定效应	YES	YES	YES	YES
HS 六位数产品—企业类型—年固定效应	YES	YES	YES	YES
城市—企业类型—年固定效应	YES	YES	YES	YES
城市—HS 六位数产品—年固定效应	YES	YES	YES	YES
观测值	97 780 012	97 780 012	97 780 012	97 780 012
R 平方	0.912	0.912	0.912	0.912
F 检验:β 民营=β 国有	4.35	2.48	4.35	4.57
F 检验的 p 值	0.11	0.12	0.04	0.03

注:括号中为异方差—稳健性标准误。标准误聚类在城市层面。***、**和*分别表示在1%、5%和10%的水平上显著。行业层面的金融依赖程度指数取自 Manova 等(2015)。每一列底部的 F 检验估计量,检验国内民营与国有企业在城市商业银行分支机构数×金融依赖程度上的估计系数是否相等。p 值低于 0.1 表明在10%的置信水平上,原假设被拒绝。

5.7 小结

20 世纪 90 年代以来,飞速增长的出口为中国经济的持续高速增长做出了重要贡献(Jin,2004);出口额中约 60% 是由中小企业实现的(陈琳等,2012;林汉川等,2014)。由于进入国际市场需要事先支付固定成本和可变成本、发货和收款之间时滞较长且国际市场风险较大,出口企业相比非出口企业对融资的需求更大,更容易受融资约束的不利影响(Chaney,2016;Manova,2013)。而中国以大银行为主导的金融体系主要服务大企业(林毅夫等,2009),中小企业很难从大银行获得贷款(Allen et al.,2005;林毅夫、李永军,2001)。中小企业出口的高速增长似乎成为了一个谜团。那么,哪种替代性的融资途径满足了中国中小出口企业不断增长的融资需求呢?

本章从成立于 1995 年的城市商业银行这一规模最大的地方性中小银行入手,结合异质性企业理论与双重差分方法,对此进行了解释。研究发现,城市商业银行降低了民营企业的平均贷款利率,但对民营企业获得贷款的概率没有显著影响,即城市商业银行主要是通过金融深化,而不是金融广化来改善民营企业的融资约束问题。民营企业的融资成本降低之后,可以更低的价格出口产品,也更有能力去开拓国际市场,这是城市商业银行促进民营企业出口增长的微观作用机制。该研究有助于增进对中国出口增长微观基础的认识。进一步的研究表明,城市商业银行的发展并没有消除中国银行业对国有部门的系统性贷款偏向。

第6章 劳动保护与中国企业出口

6.1 引言

如果不明确劳资双方的权利与义务,就可能损害劳动者的合法权益;而过度保护劳动者与限制劳资之间的合约自由,又可能降低就业与增长。因此,劳动力市场政策制定者面临的一个核心问题是,如何在保护劳动者福利与促进增长之间做出合适的权衡取舍。而要做出合适的权衡取舍,需要我们对劳动保护的收益与成本进行全面而准确的估计。自《劳动合同法》实施以来,一系列文献主要从社保覆盖率、五险一金支付比例和企业创新等角度估计了《劳动合同法》带来的收益,从长期员工被解雇概率提高、生产率与产出降低、投资水平与经营弹性下降等角度估计了《劳动合同法》带来的成本。长期以来,中国依靠劳动力成本的比较优势实现了出口的飞速增长,进而为中国经济的持续高速增长做出了重要贡献。可以预期,《劳动合同法》带来的劳动力成本上升将给企业出口,尤其是劳动密集型民营企业的出口带来不利的影响。研究《劳动合同法》对企业民营企业出口的影响,有助于我们更加全面地认识劳动保护的经济成本,进而有助于实施最优的劳动保护。

为此,本章使用 2006—2012 年"中国私营企业调查数据"、2005—2013 年"中国工业企业数据库"、2000—2015 年"中国海关数据库",结合双重差分方法,研究了《劳动合同法》及其实施强度对中国民营企业出口行为的影响。估计结果显示,企业所在地级市对《劳动合同法》的实施强度每提高一个标准差,平均而言会使得民营企业的出口概率与出口额分别下降约 2.7% 与 16%。最低工资较高地区、劳动密集程度较高、融资约束较强、规模较小的企业受到《劳动合同法》的负向影响更大。进一步的机制分析表明,《劳动合同法》的实施,显著地降低了民营企业的生产率与长期雇用员工数量。

本章在文献上的贡献主要体现在如下三个方面。第一,本章丰富了《劳动合同法》对企业行为影响的相关研究。现有相关文献主要研究了《劳动合同法》对企业创新、五险一金支付、雇用行为、生产率与产出、经营弹性以及投资的作用,本章从出口角度补充了我们对《劳动合同法》经济影响的认识。本章还从新新贸易理论下的生产率机制与比较优势理论下的劳动力成本机制这两个角度,检验了《劳动合同法》影响民营企业出口的微观作用机制。第二,本章结合中国 2008 年前后劳动保护的外生变化与不同地区对《劳动合同法》的实施强度差异,使用双重差分方法较好地处理了相关文献中的内生性问题,准确地估计了《劳动合同法》对民营企业出口行为的因果影响。第三,现有关于中国劳动力成本与企业出口行为之间关系的研究主要着眼于最低工资制度。事实上,同最低工资制度一样,《劳动合同法》也是影响中国企业劳动力成本的关键制度(Fan et al.,2018;丁守海,2010)。本章从《劳动合同法》带来的劳动力成本上升这一新的角度,增加了我们对中国企业出口变化原因的认识。

本研究也具有重要的政策含义。本章经过论证表明,《劳动合同法》通过增加民营企业的福利支出、增加其与员工签订的集体合同比例、降低其长期雇用人数这三种机制,降低了中国在劳动密集型产业上的比较优势,给出口带来了不利影响。这些发现表明,为兼顾增长与劳动者福利,政府需要制定一些补充政策。例如,给企业尤其是劳动密集型企业减税降费,以对冲《劳动合同法》所带来的劳动力成本上升;给中小企业尤其是中小民营企业提供贷款优惠从而缓解其融资约束,以促进企业从中国制造向中国创造转型。

6.2 文献述评

本章同两支文献直接相关。第一支文献研究了劳动保护的经济影响,第二支文献从理论与实证的角度研究了企业的出口行为。

研究《劳动合同法》经济影响的相关文献没有得出定论。一些文献发现,《劳动合同法》给经济带来了显著的正向影响。《劳动合同法》的实施,提高了农民工的书面劳动合同签订率,进而增加了农民工的社保与工会覆盖率,降低了农民工的工资拖欠率(Li and Freeman, 2014),减少了农民工的工作时长并提高了其拥有社会保险的比例(杜鹏程等,2018),促进了企业创新(李建强、赵西亮,2019;倪骁然、朱玉杰,2016),提高了企业的五险一金支付比例(沈永建等,2017)。而另一些文献则发现,《劳动合同法》也给经济带来了显著的负向影响。《劳动合同法》的无固定期限合同相关条款,增加了企业解雇那些拥有正规劳动合同的长期员工的概率(Akee et al., 2019)。《劳动合同法》所导致的解雇成本与调整成本降低了生产率与产出(Cooper et al., 2018),降低了民营企业的投资水平(潘红波、陈世来,2017),降低了企业的经营弹性(廖冠民、陈燕,2014)。还有一些文献发现,《劳动合同法》对经济的影响是不确定的。《劳动合同法》在提高了劳动者薪酬的同时也促使企业用机器来替代人工(刘媛媛、刘斌,2014)。这支文献加深了我们对《劳动合同法》经济影响的认识。相比这支文献,本章有如下两个方面的改进。首先,本章的研究对象为出口,这从一个新的角度补充了现有研究,有助于我们形成对《劳动合同法》经济影响更加全面的认识。其次,本章结合中国2008年前后劳动保护的外生变化与不同地区对《劳动合同法》的实施强度差异,使用双重差分方法较好地处理了相关文献中的内生性问题,准确地估计了《劳动合同法》对民营企业出口行为的因果影响。

还有一支文献从理论与实证的角度研究了企业的出口行为。比较优势理论从国家之间的要素禀赋比例差异与产品之间的要素密集度差异角度以及国家之间在不同产品生产技术上的相对差异角度,解释了国际贸易产生的原因。然而该理论无法解释为什么要素禀赋比例与技术相似的国家之间会进行产业内贸易。新贸易理论从产品差异化与规模经济的角度弥补了这一不足(Krugman,1979,1980)。然而,新贸易理论的同质性企业假设使其无法解释为什么同一国家同一细分行业中的有些企业出口而另外一些却不出口。新新贸易理论在新贸易理论的基础上引入企业生产率的异质性,并假设企业进入出口市场需要支付固定成本,因此只有生产率足够高的企业才能出口,从而成功地弥补了这一不足(Melitz,2003)。在新新贸易理论的分析框架下,如果《劳动合同法》降低了企业生产率,则《劳动合同法》会给企业出口带来不利影响。Bernard等(2007)在比较优势理论中引入了异质性企业假设,发现贸易成本下降会同时带来资源在行业内部与行业之间的重新优化配置,行业的平均生产率与企业的平均产出都会增加,并且这种增加效应在比较优势行业要大于非比较优势行业。由此可推测,《劳动合同法》

带来的劳动力成本上升,对比较优势行业中企业的出口的不利影响会大于非比较优势行业中企业的出口。

一些实证文献从产业政策(Chandra and Long,2013;陈钊、熊瑞祥,2015)、最低工资(Gan et al.,2016;孙楚仁等,2013)、商业信用(陆利平、邱穆青,2016;周定根、杨晶晶,2016)、贸易地理(佟家栋、刘竹青,2014;包群等,2012)和关系(王永进,2012)等角度研究了企业的出口行为。相比这些文献,本章的改进体现在两个方面。第一,本章从《劳动合同法》带来的劳动力成本上升角度,增加了我们对中国企业出口变化的原因的认识。第二,本章还从新新贸易理论下的生产率机制与比较优势理论下的劳动力成本机制这两个角度,检验了《劳动合同法》影响民营企业出口的微观作用机制,对作用机制的分析有助于政府制定有针对性的补充政策,来缓解《劳动合同法》对民营企业造成的潜在不利影响。

6.3　回归方程与数据说明

6.3.1　回归方程

通常来说,经济政策(例如产业政策)既有处理组(受政策影响的行业),又有对照组(不受政策影响的行业);既有政策实施前,又有政策实施后。对于这样的经济政策,我们可以方便地使用双重差分方法来估计其影响。《劳动合同法》有政策实施前后的差异,但根据《劳动合同法》的内容难以直接找出处理组与对照组。现有文献主要通过如下两种方式来间接地构建处理组与对照组。第一,企业的劳动密集程度。虽然《劳动合同法》的内容无差异地指向所有企业,但相比劳动密集程度较低的企业,《劳动合同法》对劳动密集程度较高企业的劳动力成本上升的影响更大;为此可以将劳动密集程度较高企业看作处理组,将劳动密集程度较低企业看作对照组(Cui et al.,2018;李建强、赵西亮,2019;廖冠民、陈燕,2014;倪晓然、朱玉杰,2016;沈永建等,2017)。第二,是否民营企业。国有企业除了要追求经济目标之外,还要承担一些社会政策目标,包括承担过多的冗员与工人福利等(林毅夫、李志赟,2004),所以国有企业在《劳动合同法》实施之前就已经较好地保护了劳动者的权益。而相比国有企业,民营企业在《劳动合同法》实施前,在用工方式方面更灵活,对劳动者的保护程度更低(黎建飞,2006)。可见,虽然《劳动合同法》对国有企业与民营企业一视同仁,但相比国有企业,民营企业更有可能受《劳动合同法》影响。因此,可以把民营企业设置为处理组,把国有企业设置为对照组(刘媛媛、刘斌,2014;卢闯等,2015;潘红波、陈世来,2017)。

本章从中国各地区对《劳动合同法》实际实施强度差异的角度来构建处理组与对照组。在评估法律的效果时,法律的实际实施情况可能比法律条文本身更重要,尤其是在转型国家(Pistor et al.,2000)。中国的劳动法律条文本身是比较健全的,它所面临的实质性问题在于法律的实际实施强度与法律条文之间的差距(Zheng,2009)。虽然《劳动合同法》的文本内容对全国所有地区来说都是相同的,并且从2008年开始在全国范围内统一实施,但它的实际实施强度因为如下原因而在不同地区之间存在差异。首先,地级市官员之间存在基于当地经济表现的晋升激励竞争(Li and Zhou,2005),这使得地方政府有在不违法的前提下根据当地实际情况来影响该地区对《劳动合同法》的实际实施强度的激励(Li and Freeman,2014)。其次,中国各地区的法律环境与司法水平存在很大的差异(郑志刚、邓贺斐,2010)。最后,不同地区劳动者的维权意识、法律知识水平和诉讼能力存在差异。

各地级市对《劳动合同法》的实际实施强度，是各个地方政府、地方司法机构、各地劳动者博弈之后的均衡结果，因此，不同地级市对《劳动合同法》的实际实施强度存在较大差异（Gallagher et al.，2014）。我们将每个地级市劳动合同纠纷案中劳动者胜诉的平均比例，作为该地级市对《劳动合同法》实施强度的代理变量。相对指标相比绝对指标的好处在于，它可以剔除不同地级市劳动力规模差异对度量的干扰。本章使用相对量来构建指标的思路同现有文献的做法一致：卢峰和姚洋（2004）使用各省法院每年经济案件的结案率来衡量各地区法治的效率。

在此基础上，为研究《劳动合同法》对民营企业出口行为的影响，我们设定如下形式的回归模型：

$$y_{cift} = \alpha + \beta\, post_{07} \times law_c + \gamma X_{ft} + \delta Z_{c,\,t-1} + \theta_c + \vartheta_{it} + \mu_{cift} \qquad (6.1)$$

其中 α、β、γ、δ、θ 和 ϑ 为待估计参数；c、i、f 和 t 分别表示地级市、行业、企业与年份；μ_{cift} 表示随机扰动项。被解释变量包括企业是否出口和企业的出口额；借鉴现有文献（黄玖立等，2017；钱学锋等，2010）的做法，后者用企业出口额加 1 再取对数来度量。

关键解释变量是 law_c 与 $post_{07}$ 的交互项。《劳动合同法》于 2008 年 1 月 1 日正式生效，故 $post_{07}$ 变量在 2008 年之前年份取值为 0，在 2008 年以及之后年份取值为 1。使用中国裁判文书网 2014—2017 年间的劳动合同纠纷案件信息，我们计算了每个地级市劳动合同纠纷案中劳动者胜诉的平均比例 law_c[①]，以此为该地级市对《劳动合同法》实施强度的代理变量。

[①]　我们根据裁判文书的正文内容，提取了原告和被告支付的诉讼费用，然后根据原告、被告支付比例高低判断谁是获胜一方。

X_{ft} 表示企业 f 在 t 年的特征,包括企业年龄、企业规模、企业类型(合伙企业、有限责任公司、股份有限公司、一人有限责任公司)、企业家的性别、企业家的受教育程度。$Z_{c,t-1}$ 表示企业所在地级市 c 在第 $t-1$ 年的特征,包括人均 GDP 的对数与最低工资的对数。控制二者有助于缓解地区层面遗漏变量问题对估计结果的干扰。同时,为尽可能缓解反向因果问题,我们控制二者的滞后项。θ_c 表示地级市固定效应,用以控制地级市层面不随时间变化的不可观测因素(例如,企业所在地级市的地理条件)对估计结果的影响。ϑ_{it} 表示行业固定效应与年份固定效应的交互项,用以控制行业层面随年份变化的不可观测因素对估计结果的影响,例如,行业层面逐年变化的需求冲击或供给冲击。另外,本章使用的是企业—年份层面数据,而关键解释变量是地级市—年份层面数据。考虑到同一地级市内不同企业的随机扰动项可能存在相关性,按照 Bertrand 等(2004)的建议,我们将标准误聚类到地级市层面。

6.3.2　数据说明

本章使用的企业层面主要数据来源于中国私营企业调查数据。该数据来自中共中央统战部、全国工商业联合会、国家工商行政管理总局、中国民(私)营经济研究会组成的"私营企业研究课题组"每两年在全国进行的民营企业状况抽样调查。考虑到本章研究问题所需变量在中国私营企业调查数据中的可得性,以及需要用到 2007 年之后样本,本章使用了 2006 年、2008年、2010 年和 2012 年四次调查数据,实际数据年份是 2005 年、2007 年、2009年和 2011 年。该数据覆盖面广、可信度高、代表性强,为了解中国民营经济的现状和研究中国民营企业的行为提供了具有代表性的样本(高帆等,

2014)。地级市层面最低工资数据来自各地区统计公报与地方政府网站,地级市人均 GDP 数据来自《中国城市统计年鉴》。表 6.1 给出了相关变量的描述性统计。企业出口额的平均值约为 112.3 万美元,出口企业占全部样本的比例约为 13.1%。地级市层面劳动胜诉率的均值约为 58.2%,并且在不同地级市之间呈现出较大差异。

表 6.1 变量的描述统计

	变量名称	观测值个数	均值	标准差
企业特征变量	企业出口额	14 769	112.3	1 194
	企业是否出口	14 769	0.131	0.337
	固定资产	12 373	774.6	2 729.548
	企业登记类型	16 652	2.713	0.854
	三次产业分类	17 009	2.486	0.607
	平均劳动力成本	16 283	2.763	34.489
	人均工资性支出	14 552	1.835	5.508 1
	平均福利支出	16 283	1.123	34.056
	签订个人合同	14 484	0.707 96	3.335 11
	签订集体合同	10 991	0.192 13	0.503 374
	企业年龄	16 325	8.335	4.942
	销售额	15 305	237 830	2.830e+07
	净利润	14 549	454.0	3 533
	至少雇用一年的职工人数	16 251	189.9	780.9
	半年——一年的职工人数	11 653	34.56	197.9
	小于半年的职工人数	10 871	23.55	247.6
地区特征变量	劳动诉讼胜诉率:2014—2017 年	17 009	0.582	0.159
	人均 GDP 对数滞后一期	16 024	10.47	0.668
	最低工资对数滞后一期	17 009	6.443	0.311
企业家特征变量	性别	16 935	1.156	0.363
	受教育程度	16 783	3.622	1.180

资料来源:企业层面变量来自中国私营企业调查数据;劳动诉讼胜诉率来自中国裁判文书网;地级市层面最低工资来自各地区统计公报与地方政府网站;地级市人均 GDP 数据来自《中国城市统计年鉴》。

6.4   回归分析

6.4.1   基本模型:逐步回归

表 6.2 报告了劳动保护对企业是否出口的逐步回归结果。我们依次在第(1)—(5)列中加入了关键解释变量、企业特征、地级市特征、地级市固定效应、行业—年份交互项的固定效应。可以发现,在第(1)—(5)列中,关键解释变量的系数都在 1% 的水平上显著为负,这意味着《劳动合同法》实施之后,民营企业所在地级市对《劳动合同法》的实施越严格,民营企业的出口概率就越低。表 6.2 中控制最为严格的第(5)列的估计系数表明,私营企业所在地级市对《劳动合同法》的实施强度每增加 1 个标准差(0.159),会使得民营企业的出口概率平均下降约 2.7%($\approx -0.166\,7 \times 0.159$),占样本期间民营企业平均出口概率的比例约为 20.6%($\approx 0.027/0.131$)。

表 6.3 报告了劳动保护对企业出口额影响的逐步回归结果,该表的结构安排与表 6.2 相同。表 6.3 的第(1)—(5)列中,关键解释变量的系数都在 1% 的水平上显著为负,意味着《劳动合同法》实施之后,民营企业所在地级市对《劳动合同法》的实施越严格,民营企业的出口额就越低。表 6.3 控制最为严格的第(5)列的估计系数表明,民营企业所在地级市对《劳动合同法》的实施强度每增加 1 个标准差(0.159),会使得民营企业的出口额平均下降约 16%($\approx -1.006\,5 \times 0.159$)。

表 6.2　逐步回归：企业是否出口

变量名称	(1)	(2)	(3)	(4)	(5)
是否 2007 年之后× 《劳动合同法》实施程度	−0.046 5*** (0.008 8)	−0.090 5*** (0.010 4)	−0.144 5*** (0.013 7)	−0.090 1*** (0.026 7)	−0.166 7*** (0.051 0)
企业年龄		0.009 1*** (0.000 7)	0.008 9*** (0.000 7)	0.006 0*** (0.001 0)	0.004 3*** (0.000 9)
企业规模对数		0.031 6*** (0.001 9)	0.032 0*** (0.002 0)	0.028 4*** (0.003 6)	0.024 8*** (0.003 2)
是否合伙企业		0.014 8 (0.016 1)	0.006 9 (0.016 5)	0.004 9 (0.015 8)	0.003 6 (0.015 4)
是否有限责任公司		0.023 3** (0.009 3)	0.017 8* (0.009 5)	0.027 3*** (0.010 4)	0.024 6** (0.010 0)
是否股份有限公司		0.076 7*** (0.014 7)	0.075 1*** (0.015 0)	0.077 4*** (0.016 8)	0.058 8*** (0.016 5)
是否一人有限责任公司		−0.030 7 (0.040 4)	−0.025 5 (0.045 2)	−0.008 1 (0.036 4)	0.003 5 (0.044 1)
企业家性别		−0.024 5*** (0.009 0)	−0.026 4*** (0.009 2)	−0.007 4 (0.008 8)	0.006 3 (0.009 5)
企业家受教育程度		−0.002 4 (0.002 8)	−0.003 8 (0.002 9)	0.004 3 (0.003 8)	0.009 7*** (0.004 0)
最低工资对数滞后一期			0.058 2*** (0.018 5)	0.001 0 (0.036 9)	−0.018 2 (0.059 7)
地区 GDP 滞后一期			0.025 5*** (0.007 2)	0.015 7 (0.010 7)	0.013 3 (0.009 7)

续表

变量名称	(1)	(2)	(3)	(4)	(5)
常数项	0.146 1***	−0.057 6***	−0.669 2***	−0.232 0	−0.055 2
	(0.004 0)	(0.018 9)	(0.086 4)	(0.214 4)	(0.392 7)
观测值个数	14 769	10 688	10 008	10 003	9 546
R 平方	0.002	0.058	0.065	0.179	0.241
城市固定效应	NO	NO	NO	YES	YES
行业—年份固定效应交互项	NO	NO	NO	NO	YES

注：观测值为企业层面。***、** 和 * 分别表示参数的估计值在 1%、5% 和 10% 的统计水平上显著。括号中为标准误。所有回归的标准误均聚类到地级市层面。YES 表示控制该变量，NO 表示未控制了该变量。

表 6.3 逐步回归：企业出口额

变量名称	(1)	(2)	(3)	(4)	(5)
是否 2007 年之后×《劳动合同法》实施强度	−0.200 2***	−0.446 0***	−0.827 8***	−0.570 9***	−1.006 5***
	(0.048 5)	(0.057 1)	(0.074 9)	(0.144 8)	(0.294 7)
企业年龄		0.052 1***	0.050 3***	0.035 0***	0.026 6***
		(0.003 6)	(0.003 8)	(0.005 6)	(0.004 6)
企业规模对数		0.195 9***	0.198 9***	0.179 5***	0.164 2***
		(0.010 6)	(0.010 9)	(0.023 1)	(0.021 5)
是否合伙企业		0.074 9	0.038 5	0.032 1	0.038 7
		(0.088 2)	(0.090 4)	(0.087 7)	(0.085 0)
是否有限责任公司		0.117 4**	0.077 3	0.128 7**	0.112 1*
		(0.050 7)	(0.052 2)	(0.054 0)	(0.053 2)

续表

变量名称	(1)	(2)	(3)	(4)	(5)
是否股份有限公司		0.467 3***	0.466 9***	0.497 8***	0.393 7***
		(0.080 3)	(0.082 4)	(0.103 9)	(0.098 7)
是否一人有限责任公司		−0.138 4	−0.149 6	−0.063 3	−0.016 4
		(0.220 9)	(0.247 5)	(0.162 9)	(0.209 5)
企业家性别		−0.120 1**	−0.136 7**	−0.032 5	0.034 3
		(0.049 1)	(0.050 6)	(0.045 1)	(0.047 6)
企业家受教育程度		−0.016 3	−0.026 2	0.021 7	0.048 1**
		(0.015 4)	(0.016 1)	(0.019 8)	(0.020 7)
地级市上一年最低工资对数			0.488 7***	0.228 2	−0.200 6
			(0.101 2)	(0.191 5)	(0.329 6)
地级市上一年人均 GDP 对数			0.110 0***	0.051 4	0.023 1
			(0.039 3)	(0.053 9)	(0.056 2)
常数项	0.733 0***	−0.512 8***	−4.590 1***	−2.495 6**	0.719 2
	(0.021 9)	(0.103 4)	(0.473 5)	(1.147 9)	(2.244 1)
观测值个数	14 769	10 688	10 008	10 003	9 546
R 平方	0.001	0.067	0.076	0.190	0.240
城市固定效应	NO	NO	NO	YES	YES
行业—年份固定效应交互项	NO	NO	NO	NO	YES

注：观测值为企业层面。***、** 和 * 分别表示参数的估计值在 1%、5% 和 10% 的统计水平上显著。括号中为标准误。所有回归的标准误均聚类到地级市层面。NO 表示未控制该变量，YES 表示控制了该变量。

6.4.2 稳健性检验

1. 事前同趋势假设检验与《劳动合同法》的动态效果

双重差分方法的关键假设是平行趋势:政策发生之后,处理组不接受处理时的变化趋势(即处理组的反事实情况)应该与同一时期对照组的变化趋势相同(Angrist and Pischke,2009)。但现实中,我们无法观察到,政策发生之后,处理组未接受处理时的变化趋势;故我们无法直接检验平行趋势。按照现有文献的做法(Angrist and Pischke,2009),我们通过检验政策发生之前,处理组与对照组是否有相同的趋势(事前同趋势),来间接地检验平行趋势是否有可能成立。

本章使用了 2005 年、2007 年、2009 年和 2011 年的数据。这样,《劳动合同法》实施前后,我们各有两期数据。我们可以通过如下回归方程来检验事前同趋势假设是否满足,并考察《劳动合同法》的动态效果:

$$y_{cift} = \alpha + \sum_{t=2007,2009,2011} (\beta_t \times Year_t \times law_c) + \gamma X_{ft}$$
$$+ \delta Z_{c,t-1} + \theta_c + \vartheta_{it} + \mu_{cift} \tag{6.2}$$

在年份为 t 年时,$Year_t$ 变量取值为 1;否则取值为 0。式(6.2)中其他变量的取值情况与式(6.1)相同。我们选取样本初期的 2005 年为基准组,故交互项 $Year_t \times law_c$ 的估计系数 β_{2007}(β_{2009},β_{2011})表示,在 2005 年至《劳动合同法》出台前 1 年(后 1 年、后 3 年)间,《劳动合同法》实施强度较高地级市中民营企业出口行为的变化,与同一时期《劳动合同法》实施强度较低地级市中民营企业出口行为的变化之间,是否存在显著差异。因为《劳动合同法》在

2008 年 1 月 1 日才开始正式实施,故我们推断,β_{2007} 应该在统计上不显著;反之,如果 β_{2007} 在统计上负(正)显著,则意味着在《劳动合同法》实施之前,处理组企业相比对照组企业的出口已经呈现出更差(好)的增长趋势,则基本模型中《劳动合同法》对出口的负向影响可能被高(低)估。同时,我们预期 β_{2009} 与 β_{2011} 在统计上显著为负。

表 6.4 报告了回归方程(6.2)的估计结果。估计结果显示,不管被解释变量是企业是否出口还是企业的出口额,β_{2007} 在统计上都不显著,这意味着在《劳动合同法》实施之前,处理组企业与对照组企业的出口行为具有相同的变化趋势,即事前同趋势假设满足。这也意味着,虽然《劳动合同法(草案)》早在 2006 年 3 月就已经向社会公开征求意见,但就出口表现而言,民营企业并没有根据该草案来提前调整自身行为,即这种公开没有带来预期效应。原因在于,虽然《劳动合同法(草案)》早已公开,但其内容到底如何修改,是劳工方、资本方以及各利益相关者共同博弈的结果,在正式实施之前,企业无法准确地预判该法是否真的倾向于保护劳动者及其对劳动者的保护强度。同时,β_{2009} 与 β_{2011} 在统计上显著为负,意味着《劳动合同法》给民营企业的出口行为带来了显著的负向影响。

表 6.4　事前同趋势假设检验与《劳动合同法》的动态效果

变量名称	企业是否出口	企业出口额
	(1)	(2)
是否 2007 年× 《劳动合同法》实施强度	−0.057 3 (0.090 6)	−0.175 7 (0.626 1)
是否 2009 年× 《劳动合同法》实施强度	−0.234 0*** (0.068 8)	−1.270 7*** (0.391 1)
是否 2011 年× 《劳动合同法》实施强度	−0.161 5** (0.067 9)	−0.952 0** (0.437 7)

续表

变量名称	企业是否出口	企业出口额
	（1）	（2）
企业特征变量	YES	YES
城市特征变量	YES	YES
城市固定效应	YES	YES
行业—年份固定效应	YES	YES
观测值个数	9 546	9 546
R 平方	0.241	0.240

注:观测值为企业层面。 *** 、** 和 * 分别表示参数的估计值在 1%、5% 和 10% 的统计水平上显著。括号中为标准误。所有回归的标准误均聚类到地级市层面。YES 表示控制了该变量。为节约篇幅,未报告常数项。

2. 随机生成《劳动合同法》实施强度二值变量、将实施时间提前或延后进行安慰剂检验

读者可能担心:是否我们在样本中随机地选定一些地级市作为处理组,另外一些作为对照组,也能得到同上文类似的负向显著的结果呢? 如果是这样的话,那么我们上文的估计结果就是虚假相关。我们根据 law_c 的中位数将连续变量 law_c 转换成 0、1 二值变量,即将地级市分成处理组与对照组:数据中,我们有 122 个地级市是处理组,另外 91 个地级市是对照组。我们可以通过随机生成《劳动合同法》实施强度二值变量进行安慰剂检验,来判断前文的估计结果是否只是虚假相关。具体来说,在每一次安慰剂检验中,我们随机地选出 122 个地级市作为处理组,另外 91 个地级市作为对照组,并按照式(6.1)进行估计。对企业是否出口与企业出口额这两个被解释变量,我们将安慰剂检验各重复 1 000 次,并将得到的关键解释变量的系数绘制成核密度图,如图 6.1 所示。

图 6.1 有如下两个特征。首先,二者的均值分别为 −0.000 02 与 −0.003,接近于 0。其次,在 5% 的显著性水平下,正向显著或负向显著的样本占比较

少。在图 6.1 的左图中,《劳动合同法》对企业出口概率影响的模拟结果中,在 5% 的显著性水平下,正向显著的系数为 36 个(占比约 3.6%),负向显著的系数为 41 个(占比约 4.1%);《劳动合同法》对企业出口额影响的模拟结果中,在 5% 的显著性水平下,正向显著的系数为 35 个(占比 3.5%),负向显著的系数为 41 个(占比约 4.1%)。这些模拟结果同 Iacovone 等(2019)的发现十分接近。图 6.1 显示的安慰剂检验估计结果核密度图意味着我们上文中的估计结果不是虚假相关,因为如果上文中的估计结果是虚假相关的话,则在安慰剂检验中我们得到上文这些估计结果的概率会更高,而图 6.1 表明,我们在安慰剂检验中得到估计系数大于实线所示的概率只有 5% 左右。①

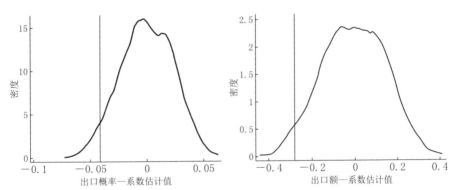

图 6.1　《劳动合同法》实施强度二值变量随机化之后关键解释变量估计系数的分布情况

我们还可以将《劳动合同法》的实施时间提前或延后进行安慰剂检验。中国私营企业调查数据的实际年份为 2005 年、2007 年、2009 年、2011 年,《劳动合同法》的真实开始实施时间是 2008 年。我们假设《劳动合同法》的实施时间提前到了 2007 年:构建"是否 2005 年之后"变量,该变量在 2005 年取值为 0,在 2007 年、2009 年、2011 年取值为 1。或假设《劳动合同法》的实施

---

① 实线所在位置即为根据如下方法得到的估计系数:根据 law_c 的中位数将所有地级市分成处理组与对照组,即将连续变量 law_c 转换为 0、1 变量,重新估计式(6.1)。

时间延后到了 2009 年:构建"是否 2009 年之后"变量,该变量在 2005 年、2007 年、2009 年取值为 0,在 2011 年取值为 1。分别以这两个变量为政策发生的虚拟时间,进行安慰剂检验。若估计结果不显著,则表明《劳动合同法》对民营企业出口行为的负面影响是稳健的。

表 6.5 的 Panel A 报告了假设《劳动合同法》实施时间为 2007 年的安慰剂检验结果,Panel A 的第(1)列和第(2)列交互项系数均不显著。表 6.5 的 Panel B 报告了假设《劳动合同法》实施时间为 2009 年的安慰剂检验结果,Panel B 的第(1)列和第(2)列交互项系数均不显著。这些安慰剂检验结果进一步验证了本章估计结果的稳健性。

表 6.5   安慰剂检验:假设政策实施时间提前到了 2007 年或延后到了 2009 年

变量名称	企业是否出口	企业出口额
	(1)	(2)
Panel A:假设政策在 2007 年开始实施		
是否 2005 年之后×	−0.054 6	−0.066 0
《劳动合同法》实施强度	(0.103 6)	(0.745 7)
R 平方	0.275	0.271
Panel B:假设政策在 2009 年开始实施		
是否 2009 年之后×	−0.051 6	−0.389 7
《劳动合同法》实施强度	(0.043 1)	(0.289 4)
R 平方	0.240	0.239
企业特征变量	YES	YES
城市特征变量	YES	YES
城市固定效应	YES	YES
行业—年份固定效应交互项	YES	YES
观测值个数	9 546	9 546

注:观测值为企业层面。***、** 和 * 分别表示参数的估计值在 1%、5% 和 10% 的统计水平上显著。括号中为稳健标准误。YES 表示控制了该变量。为节约篇幅,未报告常数项。

　　3. 控制企业固定效应与更多企业层面特征

　　因为中国私营企业调查数据是混合截面数据,故无法控制企业固定效应、企业上一期的出口等其他企业层面变量。无法控制这些因素,可能使我们得到不准确的估计结果。为此,我们借助 2005—2013 年中国工业企业数据库中的民营企业样本,对企业层面控制变量进行了三个方面的针对性处理:第一,控制企业固定效应;第二,考虑到企业的出口行为可能具有惯性,控制企业上一期出口额的对数与企业上一期是否出口;第三,控制文献中提到的影响企业出口行为的其他因素。企业年龄越大,生产与出口经验也越丰富,这可能会提升企业的出口能力(阳佳余,2012)。企业获得的政府补贴也可能影响企业的出口(张杰、郑文平,2015)。

　　表 6.6 报告了同时控制上述三组变量之后的估计结果。估计结果显示,劳动保护仍然对民营企业的出口概率与出口额产生了显著的负向影响。此时,劳动保护对民营企业出口概率的负向影响约为 -0.047 7,其绝对值小于基本模型控制最严格列[表 6.2 第(5)列]中的 -0.166 7;劳动保护对民营企业出口额的负向影响约为 -0.390 5,其绝对值小于基本模型控制最严格列[表 6.3 第(5)列]中的 -1.006 5。使用中国工业企业数据库得到的估计系数绝对值比使用中国私营企业调查数据小,原因在于前一样本只包括了规模以上的民营企业,而后一样本包括了很多中小型民营企业。数据显示,前一样本中销售额的中位数为 3 831.1 万元,而后一样本中销售额的中位数仅为800 万元。相比中小型民营企业,规模以上民营企业有更多的现金流可以用来缓解《劳动合同法》带来的负向影响,进而其出口行为受到的负向影响相对较小。

表 6.6　劳动保护与民营企业出口:控制更多企业层面特征

变量名称	企业是否出口	企业出口额的对数
	（1）	（2）
是否 2007 年之后×	−0.047 7***	−0.390 5***
《劳动合同法》实施强度	(0.006 3)	(0.056 8)
企业上一期出口额的对数	0.012 7***	0.140 2***
	(0.001 8)	(0.015 5)
企业上一期是否出口	−0.038 7**	−0.401 4***
	(0.015 8)	(0.126 2)
企业是否获得补贴	0.021 2***	0.211 6***
	(0.002 1)	(0.019 2)
企业年龄的对数	0.028 0***	0.293 7***
	(0.004 5)	(0.041 6)
其他企业特征变量	YES	YES
城市特征变量	YES	YES
企业固定效应	YES	YES
行业—年份固定效应交互项	YES	YES
观测值个数	332 424	332 424
R 平方	0.851	0.876

注:观测值为企业层面。 *** 、** 和 * 分别表示参数的估计值在 1%、5% 和 10% 的统计水平上显著。括号中为稳健标准误。YES 表示控制了该变量。

6.4.3　检验关键解释变量度量方式的合理性

　　一般来说,关键解释变量度量的时期应该不晚于被解释变量。因为我们使用的民营企业数据来自 2005 年、2007 年、2009 年、2011 年,故理论上而言,本章核心解释变量"各地级市劳动者的胜诉率"的度量最好也在 2008—2011 年间,这样能最准确地度量《劳动合同法》实施之后,各地级市对劳动者的保护强度。但这样的度量确实很难获得。为此,我们根据中国裁判文书网公开的相关信息,计算了 2014—2017 年间每个地级市劳动合同纠纷案中劳动者胜诉的平均比例。我们没有选用更早年份的信息是因为该网站自2013 年下半年才开始投入运营,故 2013 年及之前年份公开的裁判文书数量较少,不具有代表性;求多年平均值是为了尽可能地减少测量误差。但是,本章关键解释变量度量的时期(2014—2017 年)晚于被解释变量的时期(2005—2011 年),我们需要检验使用 2014—2017 年间数据来度量关键解释变量这一做法的合理性。

　　针对核心解释变量度量的时期在被解释变量之后这一疑问,我们使用2000—2007 年、2014—2015 年海关数据,构建了地级市—年份—目的国层面平衡面板数据(如果某地级市在某年未向某目的国出口,则取值为 0),重新检验了劳动保护对民营企业出口的影响。在这个数据中,《劳动合同法》实施之后的时期只有 2014—2015 年,它的度量与核心解释变量劳动者胜诉率度量的时期基本一致,且不存在核心解释变量度量的时期在被解释变量之后的问题。表 6.7 的估计结果显示,此时劳动保护仍然显著地降低了民营企业的出口概率与出口额。

表 6.7　劳动保护与民营企业出口:使用 2000—2007 年、2014—2015 年海关数据以使得核心解释变量度量时期与被解释变量所在时期保持一致

变量名称	是否出口	出口额
	(1)	(2)
是否 2007 年之后× 《劳动合同法》实施强度	−0.020 9***	−0.405 0***
	(0.005 9)	(0.068 4)
目的国—年份固定效应交互项	YES	YES
城市—目的国固定效应交互项	YES	YES
省份—年份固定效应交互项	YES	YES
城市特征变量	YES	YES
观测值个数	628 468	628 468
R 平方	0.680	0.758

　　注:观测值为地级市—年份—目的国层面。***、** 和 * 分别表示参数的估计值在1％、5％和 10％的统计水平上显著。括号中为稳健标准误。YES 表示控制了该变量。

6.4.4 其他七个方面的稳健性检验

此外,本章还进行了其他七个方面的稳健性检验。在这一系列稳健性检验中,本章发现统计结果仍然稳健。此处简要说明进行这些稳健性检验的原因与方法。第一,《劳动合同法》实施之后,新成立企业可能会自行选择在《劳动合同法》实施强度较弱的地区建厂投资经营;新企业在地级市之间的这种自选择,会使我们低估《劳动合同法》对民营企业出口行为的负向影响。2009 年样本中年龄小于或等于 2 的企业、2011 年样本中年龄小于或等于 4 的企业为《劳动合同法》实施当年及之后成立的企业样本,我们将这部分企业删除之后,重新估计了式(6.1)。第二,我们根据 law_c 的中位数将所有地级市分成处理组与对照组,即将连续变量 law_c 转换为 0、1 变量,重新估计了式(6.1)。第三,我们将前文中出口额加 1 再取对数换成出口额的对数,重新估计了式(6.1)。第四,《中华人民共和国社会保险法》于 2011 年 7 月 1 日正式实施,该法带来的劳动力成本上升也可能给民营企业出口带来负向影响(许红梅、李春涛,2020)。我们在剔除 2011 年样本后重新估计了式(6.1)。第五,2008 年全球金融危机带来的负向需求冲击也会降低民营企业出口。我们在剔除 2009 年样本后重新估计了式(6.1)。第六,出口目的国的关税与非关税壁垒也可能对民营企业的出口行为产生负向影响。然而,中国私营企业调查数据没有调查出口产品的目的国相关信息。为弥补这一不足,我们使用 2000—2015 年间海关数据库中的民营企业样本,将其加总至地级市—年份—目的国层面,再将其填充为地级市—年份—目的国层面的平衡面板数据,在控制目的国固定效应与年份固定效应的交互项、地级市固定效应与目的国固定效应的交互项、省份固定效应与年份固定效应的交互项的基础上,估计了《劳动合同法》实施强度对地级市 c 在 t 年是否向 d 国出口产品与出口额的影响。第七,《劳动合同法》执行后,国内不同地级市对法规中一些具体条文的执行力度可能会存在差异,例如,员工劳动报酬调整及时性(或早晚)可能存在地区差异。这种地级市层面随时间变化的不可观测因素可能影响我们的估计结果。我们通过将 $post_{07} \times law_c$ 与行业的劳动密集程度交互,并控制地级市固定效应与年份固定效应的交互项、地级市固定效应与行业固定效应的交互项、行业固定效应与年份固定效应的交互项,在式(6.1)的基础上进行了三重差分估计。

6.5 异质性分析

6.5.1 地级市最低工资高低的异质性

《劳动合同法》的多项条款重申了最低工资标准对于保障劳动者权益的重要性①,增加了中国最低工资制度的实施强度(Fan et al.,2018;丁守海,2010)。相比最低工资较低地级市的民营企业,《劳动合同法》对最低工资较高地级市民营企业劳动力成本增加的影响会更大。为此,我们推断,相比最低工资较低地级市的民营企业,《劳动合同法》对最低工资较高地级市民营企业出口行为的不利影响会更大。

为此,我们根据地级市最低工资的中位数,将全样本分成最低工资较低

---

① 详见《劳动合同法》第二十、五十八、七十二、七十四、八十五条。

与较高两个子样本。表 6.8 第(1)列和第(2)列的估计结果分别表明,《劳动合同法》的实施强度对最低工资较低地级市民营企业的出口概率没有显著影响,但它显著地降低了最低工资较高地级市民营企业的出口概率。组间系数差异显著性检验结果表明,二者的差异在千分之一以上的水平上显著。第(3)列和第(4)列的估计结果分别表明,《劳动合同法》的实施强度对最低工资较低地级市中民营企业的出口额没有显著影响,但它显著地降低了最低工资较高地级市中民营企业的出口额。组间系数差异显著性检验结果表明,二者的差异在千分之一以上的水平上显著。这一发现同现有文献一致:丁守海(2010)发现,《劳动合同法》强化了最低工资对就业的负向影响;Fan等(2018)发现,《劳动合同法》强化了最低工资对中国企业对外直接投资的影响。

表 6.8　地级市最低工资高低的异质性

变量名称	企业是否出口		企业出口额	
	$<$ median (1)	$>$ median (2)	$<$ median (3)	$>$ median (4)
是否 2008 年之后× 《劳动合同法》实施强度	−0.079 9 (0.117 0)	−0.532 6*** (0.141 0)	−0.477 0 (0.613 9)	−3.458 9*** (1.009 3)
企业特征变量	YES	YES	YES	YES
城市特征变量	YES	YES	YES	YES
城市固定效应	YES	YES	YES	YES
行业—年份固定效应交互项	YES	YES	YES	YES
观测值个数	4 529	4 775	4 529	4 775
R 平方	0.265	0.252	0.264	0.260
经验 p 值	0.000		0.000	

注:观测值为企业层面。 *** 、** 和 * 分别表示参数的估计值在 1%、5% 和 10%的统计水平上显著。括号中为标准误。所有回归的标准误均聚类到地级市层面。YES表示控制了该变量。为节约篇幅,未报告常数项。

6.5.2　企业劳动密集程度高低的异质性

面对《劳动合同法》相同的实施强度，相比劳动密集程度较低的企业，劳动密集程度较高企业的劳动力成本增加更多。为此，我们推断，相比劳动密集程度较低的民营企业，《劳动合同法》对劳动密集程度较高民营企业的出口行为的不利影响会更大。借鉴 Fan 等（2018）的做法，我们使用劳动报酬占企业固定资产的比例作为企业劳动密集程度的代理变量。我们根据该比例的中位数，将企业分成劳动密集程度较高与劳动密集程度较低两个样本。表 6.9 第（1）列和第（2）列的估计结果分别表明，所在地级市对《劳动合同法》的实施强度对劳动密集程度较低的民营企业的出口概率没有显著影响，但它显著地降低了劳动密集程度较高的民营企业的出口概率。组间系数差异显著性检验结果表明，二者的差异在千分之一以上的水平上显著。第（3）列和第（4）列的估计结果分别表明，所在地级市对《劳动合同法》的实施强度对劳动密集程度较低的民营企业的出口额没有显著影响，但它显著地降低了劳动密集程度较高的民营企业的出口额。组间系数差异显著性检验结果表明，二者的差异在千分之一以上的水平上显著。这一发现同现有文献类似：潘红波和陈世来（2017）发现《劳动合同法》对劳动密集程度较低的民营上市公司的投资水平没有显著影响，但对劳动密集程度较高的民营上市公司的投资水平产生了显著的负向影响。

表 6.9　企业劳动密集程度高低的异质性

变量名称	企业是否出口		企业出口额	
	< median	> median	< median	> median
	(1)	(2)	(3)	(4)
是否 2007 年之后× 《劳动合同法》实施强度	−0.073 3	−0.219 8***	−0.216 8	−1.529 8***
	(0.056 3)	(0.073 4)	(0.345 2)	(0.427 3)

续表

变量名称	企业是否出口		企业出口额	
	< median （1）	> median （2）	< median （3）	> median （4）
企业特征变量	YES	YES	YES	YES
城市特征变量	YES	YES	YES	YES
城市固定效应	YES	YES	YES	YES
行业—年份固定效应交互项	YES	YES	YES	YES
观测值	4 363	5 129	4 363	5 129
R 平方	0.249	0.270	0.251	0.272
经验 p 值	0.000		0.000	

注:观测值为企业层面。 *** 、** 和 * 分别表示参数的估计值在 1%、5% 和 10%
的统计水平上显著。括号中为标准误。所有回归的标准误均聚类到地级市层面。YES
表示控制了该变量。为节约篇幅,未报告常数项。

6.5.3 企业融资约束程度高低

由于进入国际市场需要事先支付固定成本和可变成本、发货和收款之
间时滞较长且国际市场风险较大,出口企业相比非出口企业对融资的需求
更大,更容易受融资约束的不利影响(Chaney,2016；Manova,2013)。面对
《劳动合同法》相同实施强度所带来的劳动力成本上升,相比融资约束程度
较高的企业,融资约束程度较低的企业更有能力从自身或外部途径获取融
资,来抵消劳动力成本上升对企业出口行为的不利影响。为此,我们推断,
相比融资约束程度较高的民营企业,《劳动合同法》对融资约束程度较低的
民营企业出口行为的不利影响会更小。

为此,借鉴阳佳余和徐敏(2015)的做法,我们使用民营企业的税后净利
润占销售额的比例作为其融资约束程度的代理变量。该比例取值越大,一
方面意味着企业的自有现金流越充裕,另一方面意味着企业对贷款的偿还能

力越强,且越容易从外界获得贷款。因此该比例取值越大,表示企业的融资约
束程度越低。我们根据该比例的中位数,将全样本分成融资约束程度较高与
融资约束程度较低两个子样本。表 6.10 第(1)列和第(2)列的估计结果分别
表明:所在地级市对《劳动合同法》的实施强度对融资约束程度较高的民营
企业出口概率的负向影响较大,约为-0.163 7;所在地级市对《劳动合同法》
的实施强度对融资约束程度较低的民营企业出口概率的负向影响较小,约
为-0.148 2。组间系数差异显著性检验结果表明,二者的差异在千分之一
以上的水平上显著。第(3)列和第(4)列的估计结果分别表明:所在地级市
对《劳动合同法》的实施强度对融资约束程度较高民营企业的出口额的负向
影响较大,约为-1.165 9;所在地级市对《劳动合同法》的实施强度对融资约
束程度较低民营企业的出口额的负向影响较小,约为-0.888 7。组间系数
差异显著性检验结果表明,二者的差异在千分之一以上的水平上显著。

表 6.10　企业融资约束程度高低

变量名称	企业是否出口		企业出口额	
	< median (1)	> median (2)	< median (3)	> median (4)
是否 2007 年之后× 《劳动合同法》实施强度	-0.163 7** (0.080 2)	-0.148 2** (0.061 0)	-1.165 9** (0.472 0)	-0.888 7*** (0.330 3)
企业特征变量	YES	YES	YES	YES
城市特征变量	YES	YES	YES	YES
城市固定效应	YES	YES	YES	YES
行业-年份固定效应交互项	YES	YES	YES	YES
观测值个数	3 887	5 102	3 887	5 102
R 平方	0.273	0.241	0.273	0.246
经验 p 值	0.000		0.000	

注:观测值为企业层面。***、** 和 * 分别表示参数的估计值在 1%、5% 和 10%
的统计水平上显著。括号中为标准误。所有回归的标准误均聚类到地级市层面。YES
表示控制了该变量。为节约篇幅,未报告常数项。

6.5.4 企业规模大小的异质性

理论上,《劳动合同法》对小企业出口的不利影响相比对大企业会更大。一方面,《劳动合同法》实施之前,小企业在用工方式方面比大企业更灵活,对劳动者的保护程度更低(潘红波、陈世来,2017)。另一方面,相比大企业,小企业更有可能缺乏财务审计报表等易于传递的标准化"硬信息",且通常不能提供充分的抵押和担保,更有可能面临融资约束(林毅夫、李永军,2001),更难以从外部获得融资来抵消《劳动合同法》带来的劳动力成本增加。

为此,我们根据企业固定资产的中位数,将全样本分成固定资产规模较小与固定资产规模较大两个子样本。表 6.11 第(1)列和第(2)列的估计结果分别表明:所在地级市对《劳动合同法》的实施强度对规模较小的民营企业出口概率的负向影响较大,约为−0.136 1;所在地级市对《劳动合同法》的实施强度对规模较大的民营企业出口概率的负向影响较小,约为−0.110 4。组间系数差异显著性检验结果表明,二者的差异在千分之一以上的水平上显著。第(3)列和第(4)列的估计结果分别表明:所在地级市对《劳动合同法》的实施强度对规模较小民营企业的出口额的负向影响较大,约为−0.872 6;所在地级市对《劳动合同法》的实施强度对规模较小民营企业的出口额的负向影响较小,约为−0.534 9。组间系数差异显著性检验结果表明,二者的差异在千分之一以上的水平上显著。这些结果同现有文献类似:潘红波和陈世来(2017)发现,《劳动合同法》对小民营企业投资的负向影响比对大民营企业更大。

表 6.11　企业规模大小的异质性

变量名称	企业是否出口		企业出口额	
	<median (1)	> median (2)	< median (3)	> median (4)
是否 2007 年之后× 《劳动合同法》实施强度	−0.136 1** (0.061 0)	−0.110 4** (0.049 8)	−0.872 6*** (0.332 3)	−0.534 9 (0.378 8)
企业特征变量	YES	YES	YES	YES
城市特征变量	YES	YES	YES	YES
城市固定效应	YES	YES	YES	YES
行业—年份固定效应交互项	YES	YES	YES	YES
观测值个数	3 967	7 202	3 967	7 202
R 平方	0.247	0.243	0.256	0.238
经验 p 值	0.000		0.000	

注:观测值为企业层面。 ***、** 和 * 分别表示参数的估计值在 1%、5% 和 10% 的统计水平上显著。括号中为标准误。所有回归的标准误均聚类到地级市层面。YES 表示控制了该变量。为节约篇幅,未报告常数项。

6.6　机制分析

6.6.1　新新贸易理论下的生产率机制

企业进入出口市场需要支付固定成本,因此只有生产率足够高的企业才有能力出口(Melitz,2003)。大量实证文献发现企业生产率同企业出口概率和出口额正相关(Bernard et al.,2007);如果《劳动合同法》降低了企业生产率的话,就会给民营企业的出口带来负向影响。

从理论与实证上来看,《劳动合同法》的实施确实可能降低民营企业生产率。一方面,从企业层面来看,《劳动合同法》中的无固定期限劳动合同、集体合同、解雇成本等相关条款的实施，会削弱企业依据项目实际运行情况配置人力资源的灵活性，降低劳动力的流动性，提高人工成本黏性。企业雇用劳动力的这些摩擦的增加最终会降低企业的生产效率（Cooper et al.，2018；刘媛媛、刘斌，2014；Hopenhayn and Rogerson，1993）。另一方面，从员工层面来看，《劳动合同法》降低了员工违约时的惩罚力度与失业风险，会产生保护偷懒者效应，不利于提高员工工作积极性与工作效率（张五常，2009；Suedekum and Ruehmann，2003）。国有企业除了要追求经济目标之外，还要承担一些社会政策目标，包括承担过多的冗员与工人福利等（林毅夫、李志赟，2004），所以国有企业在《劳动合同法》实施之前就已经较好地保护了劳动者的权益。而相比国有企业，民营企业在《劳动合同法》实施前，在用工方式方面更灵活，对劳动者的保护程度更低（黎建飞，2006）。因此，虽然《劳动合同法》对国有企业与民营企业一视同仁，但相比国有企业，民营企业更容易受《劳动合同法》的影响（潘红波、陈世来，2017；卢闯等，2015；刘媛媛、刘斌，2014）。来自中国的经验证据同这一理论推断一致：Cooper 等（2018）建立在一般均衡模型基础上的量化分析结果表明，中国的《劳动合同法》显著地降低了民营部门的生产率，同时反事实分析表明，《劳动合同法》使得中国年均经济增长率降低约 1％；潘洪波和陈世来（2017）发现，《劳动合同法》给中国区域经济增长带来了显著的负向影响，并且这种负向影响主要体现在民营经济投资占比高、民营经济提供就业多的区域。

在本节中，我们将检验《劳动合同法》对企业生产率变化的影响，并且我们预期《劳动合同法》的实施会降低企业的生产率。同时，我们将检验企业生产率对企业是否出口与出口额的影响，并且我们预期企业生产率下降会降低企业的出口概率与出口额。因为我们使用的中国私营企业调查数据这一主要数据缺乏增加值等相关变量，无法计算出企业的生产率，故我们借助

2005—2013 年中国工业企业数据库中的民营企业样本①,对《劳动合同法》
所导致的企业生产率变化这一机制进行检验。使用中国工业企业数据库检
验生产率机制的一个主要困难之处在于,估计企业生产率需要的相关变量
在 2008—2013 年间的可得性较低。例如,2011—2013 年数据都缺少中间投
入合计与工业增加值数据,无法直接估计全要素生产率;2009 年的 43 万家
企业数据中,有 11 万家左右缺失了法人代码与企业名称信息;等等。②针对
这些问题,寇宗来和刘学悦(2020)、Brandt 等(2017)——给出了详细的解决
方案。为此,我们严格按照寇宗来和刘学悦(2020)以及 Brandt 等(2017)的
做法,对 2008—2013 年间中国工业企业数据库中存在的问题——进行了处
理,在此基础上按照 Rovigatti 和 Mollisi(2018)的方法,估计了对 Olley 和
Pakes(1996)方法进行 ACF 修正的全要素生产率(记为 OP-ACF),与对
Levinsohn 和 Petrin(2003)方法进行 ACF 修正的全要素生产率(记为
LP-ACF)。同时,为考察结论的稳健性,我们还计算了企业劳动生产率的对
数。表 6.12 报告了劳动保护对民营企业生产率的影响。第(1)—(3)的估计
结果显示,不管我们使用 OP-ACF、LP-ACF 还是劳动生产率作为被解释变
量,劳动保护都显著地降低了民营企业的生产率。

表 6.12　劳动保护对民营企业生产率的影响

变量名称	(1) 全要素生产率: OP-ACF	(2) 全要素生产率: LP-ACF	(3) 劳动生产率
是否 2007 年之后× 《劳动合同法》实施强度	−0.105 6*** (0.011 7)	−0.118 9*** (0.011 7)	−0.192 7*** (0.013 4)

① 我们使用 2005—2013 年样本,是为了与中国私营企业调查数据中所用样本区间保持一致。
同时,因为 2010 年数据存在重要缺陷(Fan et al., 2018),因此我们在回归中剔除了 2010 年的样本。
② 尽管存在这些不足之处,但因为没有其他更好的数据,中国工业企业数据库仍然是目前
公开可得的适合检验这一机制的代表性数据库。

变量名称	(1) 全要素生产率： OP-ACF	(2) 全要素生产率： LP-ACF	(3) 劳动生产率
企业特征变量	YES	YES	YES
城市特征变量	YES	YES	YES
企业固定效应	YES	YES	YES
行业—年份固定效应交互项	YES	YES	YES
观测值个数	598 307	598 307	645 325
R 平方	0.740	0.734	0.711

注：观测值为企业层面。＊＊＊、＊＊和＊分别表示参数的估计值在 1％、5％和 10％的统计水平上显著。括号中为稳健标准误。YES 表示控制了该变量。

表 6.13 进一步检验了生产率对民营企业出口概率与出口额的影响。第 (1)—(6)列的估计结果显示，不管我们使用 OP-ACF、LP-ACF 还是劳动生产率作为关键解释变量，生产率提高都会显著地提高民营企业的出口概率、增加出口额。这一发现同现有相关文献一致：大量关于新新贸易理论的理论与实证研究发现，生产率提高会显著地促进企业出口（Melitz，2003；Bernard et al.，2007）。结合表 6.12 与表 6.13，我们检验了劳动保护降低民营企业出口的生产率机制：劳动保护通过降低民营企业生产率，降低了其出口概率，减少了出口额。

6.6.2　比较优势理论下的劳动力成本机制

改革开放以来，中国依靠劳动力成本的比较优势实现了高速增长。按照比较优势理论，《劳动合同法》带来的劳动力成本上升会削弱中国在劳动密集型行业上的比较优势，进而通过降低民营企业的雇用人数（与长期雇用人数）给民营企业的出口概率与出口额带来负向影响。同上一机制的检验

表 6.13　生产率对民营企业出口的影响

变量名称	(1) 是否出口	(2) 出口额	(3) 是否出口	(4) 出口额	(5) 是否出口	(6) 出口额
全要素生产率： OP-ACF	0.012 2*** (0.000 7)	0.176 8*** (0.006 2)				
全要素生产率： LP-ACF			0.010 8*** (0.000 7)	0.162 7*** (0.006 3)		
劳动生产率					0.004 8*** (0.000 6)	0.079 9*** (0.005 4)
企业特征变量	YES	YES	YES	YES	YES	YES
城市特征变量	YES	YES	YES	YES	YES	YES
企业固定效应	YES	YES	YES	YES	YES	YES
行业—年份固定效应交互项	YES	YES	YES	YES	YES	YES
观测值个数	523 457	523 457	523 457	523 457	567 647	567 647
R 平方	0.813	0.842	0.813	0.842	0.813	0.842

注：观测值为企业层面。***，** 和 * 分别表示参数的估计值在 1%、5% 和 10% 的统计水平上显著。括号中为稳健标准误差。YES 表示控制了该变量。

类似,我们需要检验劳动保护是否会降低民营企业的雇用人数(与长期雇用人数),同时我们也需要检验民营企业的雇用人数(与长期雇用人数)下降是否会降低企业的出口概率、减少出口额。

《劳动合同法》提高了企业的解雇成本,尤其是解雇在企业连续工作时间较长的员工的成本。换句话说,《劳动合同法》实施之后,企业解雇不同工作时长员工的成本都提高了,但企业在解雇工作时间较长员工时还面临着较大的额外成本。解雇不同工作时长员工的这种成本差异,使得企业有解雇已在本企业连续工作较长时间的员工的激励(Akee et al.,2019),雇用新员工作为补充(Zheng,2009),以减少或延迟《劳动合同法》对其产生的不利影响。中国私营企业调查数据调查了企业雇用总人数、半年以上且不足一年员工人数,以及半年以下员工人数。表 6.14 第(2)列的估计结果显示,劳动保护显著地降低了民营企业雇用的一年以上员工数量(即长期雇用员工总数)。

表 6.14　劳动保护对民营企业员工总数、长期雇用员工总数的影响

变量名称	(1) 员工总数	(2) 长期雇用员工总数
是否 2007 年之后× 《劳动合同法》实施强度	−0.610 5*** (0.186 1)	−0.706 2*** (0.169 0)
企业特征变量	YES	YES
城市特征变量	YES	YES
企业固定效应	YES	YES
行业—年份固定效应交互项	YES	YES
观测值个数	10 377	10 153
R 平方	0.472	0.523

　　注:观测值为企业层面。 ***、** 和 * 分别表示参数的估计值在 1%、5% 和 10% 的统计水平上显著。括号中为稳健标准误。YES 表示控制了该变量。

表 6.15 进一步报告了员工总数、长期雇用员工总数对民营企业出口的影响。估计结果显示,员工总数与长期雇用员工总数下降,会显著地降低民营企业的出口概率、减少出口额。结合表 6.14 与表 6.15,我们检验了劳动保护降低民营企业出口的劳动力成本机制:劳动保护通过降低民营员工总数、长期雇用员工总数,从而降低了其出口概率,减少了出口额。

表 6.15　员工总数、长期雇用员工总数对民营企业出口的影响

变量名称	(1) 是否出口	(2) 出口额	(3) 是否出口	(4) 出口额
员工总数的对数	0.047 4*** (0.002 7)	0.314 8*** (0.016 6)		
长期雇用员工总数的对数			0.056 7*** (0.003 0)	0.375 5*** (0.018 5)
企业特征变量	YES	YES	YES	YES
城市特征变量	YES	YES	YES	YES
企业固定效应	YES	YES	YES	YES
行业一年份固定效应交互项	YES	YES	YES	YES
观测值个数	9 546	9 546	9 385	9 385
R 平方	0.267	0.278	0.272	0.286

注:观测值为企业层面。 ***、** 和 * 分别表示参数的估计值在 1%、5% 和 10% 的统计水平上显著。括号中为稳健标准误。YES 表示控制了该变量。

6.7　小结

劳动力市场政策制定者面临的一个核心问题是,如何在保护劳动者福利与促进增长之间做出合适的权衡取舍。要做出合适的权衡取舍,需要我们对劳动保护的收益与成本进行全面而准确的估计。现有文献主要从社保

覆盖率、五险一金支付比例与企业创新等角度估计了《劳动合同法》的收益，从长期员工被解雇概率提高、生产率与产出降低、投资水平与经营弹性下降等角度估计了《劳动合同法》的成本。长期以来，中国依靠劳动力成本的比较优势实现了出口的飞速增长，进而为中国经济的持续高速增长做出了重要贡献。可以预期，《劳动合同法》带来的劳动力成本上升将给企业出口，尤其是劳动密集型民营企业的出口造成不利的影响。研究《劳动合同法》对民营企业出口的影响，有助于我们更加全面地认识劳动保护的经济成本，进而实施最优的劳动保护。

为此，本章使用 2006—2012 年中国私营企业调查数据、2005—2013 年中国工业企业数据库、2000—2015 年中国海关数据库，结合双重差分方法，研究了《劳动合同法》及其实施强度对中国民营企业出口行为的影响。估计结果显示，企业所在地级市对《劳动合同法》的实施强度每提高一个标准差，会使得民营企业的出口概率与出口额分别下降约 2.7% 与 16%。最低工资较高地区、劳动密集程度较高、融资约束较强、规模较小的企业受到《劳动合同法》的负向影响更大。进一步的机制分析表明，《劳动合同法》的实施显著地降低了民营企业的生产率与长期雇用员工数量。

第7章　环境规制政策与中国企业出口

7.1　引言

经济全球化背景下,各国对气候变化的重视与日俱增,环境变化与国际贸易之间的关系受到了越来越多的关注。"污染避风港"理论认为,随着环境问题的日益凸显,各个国家,特别是发达国家,在环境规制、污染排放方面的措施将会越来越严格,这样势必使得污染产业从发达国家向发展中国家转移。改革开放之初,由于低廉的劳动力成本,中国吸引了大量的国外资本。外资进入一方面促进了中国经济快速发展,但另一方面也带来了严重的环境污染问题。以大气污染为例,1995年中国二氧化硫排放量就已经达到了2 370万吨,超过了欧洲和美国,居世界第一位。①环境质量的迅速恶化和自然资源的枯竭引发了社会各界的极大关注。在此背景下,中国从中央政府到地方政府制定了一系列环境治理政策,从"两控区"到"十一五"污染

---

① 《酸雨控制区和二氧化硫污染控制区划分方案》,云南省生态环境厅网站2005年12月22日,http://sthjt.yn.gov.cn/zcfg/fagui/gjfg/200512/t20051222-13487.html。

物排放控制计划,要求着力解决突出环境问题,促进绿色发展。

中国的能源消费结构以煤炭为主。在一系列二氧化硫减排政策实施之前,中国是世界上排放二氧化硫最多的国家,因此二氧化硫一直是中国主要的污染减排对象。为此,本章将"十一五"污染物排放控制计划[①]中省级二氧化硫的削减目标作为一个"准自然"实验,结合三重差分方法与中国海关数据库,研究环境规制强度对中国企业出口额的影响。估计结果显示,二氧化硫排放密集度越高的行业的出口额受到二氧化硫排放规制政策的负向影响越大。进一步的异质性分析得到了同理论推断一致的结论:外资企业、东部和中部地区企业以及从事加工贸易的企业受到的负向影响更大,且在政府加大了对国有企业的监管后,国有企业受到的负向影响变大。上述发现在一系列稳健性检验中依然成立。

与现有文献相比,本章的改进主要体现在以下两个方面。第一,同一个省份不同地级市之间因为产业结构、经济发展水平等方面的不同,在二氧化硫减排强度方面也会存在差异,因此,关键解释变量的合适度量应该在地级市层面,而非省级层面。但由于地级市层面削减目标的数据并不公开[②],故无法直接获得地级市层面的二氧化硫减排指标。为此,本章将根据同一省份内不同地级市产业结构的初始差异,把省级层面的二氧化硫削减目标科学地分解到地级市层面,以得到地级市层面的二氧化硫减排强度指标。第二,企业作为经济活动的微观主体,是一国对外贸易的直接参与者,其出口竞争力直接关系到中国经济的可持续发展。本章从出口的角度研究了环境

---

① 国务院关于"十一五"期间全国主要污染物排放总量控制计划的批复:到 2010 年,全国主要污染物排放总量比 2005 年减少 10%,其中,二氧化硫由 2 549 万吨减少到 2 294 万吨。国家按照各地环境质量状况、环境容量、排放基数、经济发展水平和削减能力以及各污染防治专项规划的要求,制定各省的具体削减目标。考虑到同一个省份的不同地级市之间的差异比较大,本章将根据现有文献的做法进一步将省级层面的二氧化硫削减目标划分到各个地级市。

② 只有少数几个省份的数据可从各地政府网站中可以查到,其他省份的数据无法查到。

规制政策的社会成本,补充了关于环境规制政策带来的社会收益的相关文献。

7.2 文献述评

本章的研究同两支文献直接相关。一支文献研究了环境规制的经济影响,另一支文献从理论和实证方面研究了企业出口行为的影响因素。

有一些文献研究了环境规制的经济影响。这方面最重要的理论是环境库兹涅茨曲线,最初由 Grossman 和 Krueger(1991)提出。该理论认为一个国家或地区的环境质量与当地平均收入之间可能存在"倒 U 型"关系:在经济发展的初期,环境污染水平可能随着经济的增长而增加;但当人均 GDP 达到一定程度时,环境污染水平就会达到最大值,然后随着经济的增长而减少。后续研究都是利用这一框架探讨污染排放与经济增长之间的关系。一些研究发现,环境规制政策给经济带来了一定的负向影响。Cagatay 和 Mihci(2006)使用 31 个国家的数据,构建了国家层面的环境规制强度指数,研究了环境规制对于国家出口的影响;结果显示,国家环境规制强度对其出口有显著的负向影响。盛丹和张国峰(2019)发现中国在 1998 年实施的"两控区"政策阻碍了"两控区"企业全要素生产率的提升。沈坤荣和周力(2020)发现中国水污染密集型产业呈现出"逆流而上"的态势,若其污染物"顺流而下",则会加大下游地区的环境风险。另一些研究则发现,环境规制政策给经济带来了正向影响。Yamazaki(2017)的研究表明环境规制可以增加就业人数,提高企业技术水平。Manova 和 Yu(2017)、韩超和桑瑞聪(2018)的研究表明环境规制带来的企业内部产品的转换配置会使得企业的产品质量升级。罗知和齐博成(2021)发现严格的环境规制不仅没有对银行业产生负向影响,反而促进了银行业的发展。刘伟江和杜明(2022)发现环境规制强度的提升有助于促进中国制造业绿色全要素生产率和技术进步的增长。

还有一些文献从理论与实证的角度研究了企业的出口行为。比较优势理论解释了国际贸易产生的原因,但却无法解释要素禀赋比例与技术类似的国家为什么会进行产业内贸易。新贸易理论的代表人物 Krugman(1979,1980)从产品差异化与规模经济的角度弥补了这一不足。然而,同质性企业假设使得新贸易理论无法解释为什么同一国家同一细分行业中的有些企业出口而另外一些却不出口。新新贸易理论在新贸易理论的基础上引入企业生产率的异质性,并假设企业进入出口市场需要支付固定成本,因此只有生产率足够高的企业才能出口,成功地弥补了这一不足(Melitz,2003)。在新新贸易理论的分析框架下,如果环境规制政策("十一五"污染物总量控制计划)降低了企业生产率或提高了企业生产成本,则会给企业出口带来不利影响。

另外一些研究企业出口行为的实证文献从产业政策(陈钊、熊瑞祥,2015)、目的国契约环境和社会信任(曹慧平、王欣,2020)、企业上游度、贸易危机与价值链传导(吕越等,2020)、最低工资(Gan et al.,2016;孙楚仁等,2013)、贸易地理(佟家栋、刘竹青,2014;包群等,2012)、环境规制(申萌等,2015)等角度研究了企业出口变化的原因。相比这些文献,本章结合"十一五"二氧化硫总量控制计划所带来的企业生产成本外生变化,使用三重差分方法较好地处理了相关文献中的内生性问题,准确地估计了环境规制政策与企业出口行为的因果影响。

7.3　环境规制政策背景、指标构建、回归方程与数据说明

7.3.1　中国的环境规制政策

改革开放为中国带来了经济的腾飞与收入水平的提高,与此同时也带来了严峻的环境污染问题。

为了控制二氧化硫排放,中国于 1987 年颁布了《中华人民共和国大气污染防治法》,采用浓度控制的方式控制酸雨,并进行二氧化硫等污染的治理。1998 年,中国推出"两控区"政策,以对污染特别严重的地区和城市进行二氧化硫污染物治理;该政策将 27 个省的 175 个城市划为重点规制地区。2000 年,国家环境保护"十五"计划要求到 2005 年,二氧化硫、尘(烟尘及工业粉尘)、化学需氧量、氨氮、工业固体废物等主要污染物排放量比 2000 年减少10%;工业废水中重金属、氰化物、石油类等污染物得到有效控制;危险废物得到安全处置;"两控区"二氧化硫排放量比 2000 年减少 20%,降水酸度和酸雨发生频率有所降低。[①]

但是"两控区"政策并没有实现"十五"计划中提出的到 2005 年将主要污染物排放量减少 10%的目标(Lu et al., 2010)。因此,"十一五"期间,中国开始转变思路。2006 年发布的《"十一五"期间全国主要污染物排放总量控制计划》表明,计划到 2010 年,全国主要污染物排放总量比 2005 年减少10%。具体而言,化学需氧量由 1 414 万吨减少到 1 273 万吨,二氧化硫由

---

① 《关于印发〈国家环境保护"十五"计划〉的通知》(环发〔2001〕210 号),中国政府网,http://www.gov.cn/gongbao/content/2002/content_b1775.htm。

2 549万吨减少到2 294万吨。为实现这些目标,环境保护部根据经济增长、产业结构、当前污染强度和最大潜在减排能力等多项因素分配了省级污染减排任务(表7.1列出了各省的具体减排目标)。此外,环保部还于2007年启动了"污染减排绩效评估",以加强政策执行力度。环境监管下放地方的污染减排方案,使得"十一五"减排政策成效显著,各省均完成且超额完成减排计划。

表7.1 "十一五"期间全国二氧化硫排放总量控制计划表及完成情况

省区市	2005年排放量(万吨)	2010年排放量(万吨)	目标削减率	实际削减率
北京	19.10	11.51	20.4%	39.73%
天津	26.50	23.52	9.4%	11.26%
河北	149.60	123.38	15.0%	17.53%
山西	151.60	124.92	14.0%	17.60%
内蒙古	145.60	139.41	3.8%	4.25%
辽宁	119.70	102.22	12.0%	14.60%
吉林	38.20	35.63	4.7%	6.72%
黑龙江	50.80	49.02	2.0%	3.51%
上海	51.30	35.81	25.9%	30.20%
江苏	137.30	105.05	18.0%	23.49%
浙江	86.04	67.83	15.0%	21.16%
安徽	57.10	53.26	4.0%	6.72%
福建	46.10	40.94	8.0%	11.20%
江西	61.30	55.71	7.0%	9.13%
山东	200.30	153.78	20.0%	23.22%
河南	162.45	133.87	14.0%	17.59%
湖北	71.70	63.25	7.8%	11.78%
湖南	91.90	80.13	9.0%	12.81%
广东	129.40	105.05	15.0%	18.81%
广西	102.30	90.38	9.9%	11.66%
海南	2.20	2.84	−100.0%	−29.12%
重庆	83.70	71.94	11.9%	14.05%
四川	129.90	113.10	11.9%	12.93%
贵州	135.80	114.89	15.0%	15.39%
云南	52.20	50.07	4.0%	4.08%

续表

省区市	2005 年排放量(万吨)	2010 年排放量(万吨)	目标削减率	实际削减率
西藏	0.20	0.29	−100.0%	−45.00%
陕西	92.20	77.86	12.0%	15.55%
甘肃	56.30	55.18	0.0%	1.99%
青海	12.40	14.34	−17.7%	−15.61%
宁夏	34.30	31.08	9.3%	9.38%
新疆	50.24	56.94	−13.9%	−13.34%
兵团	1.66	1.91	−15.1%	−15.09%

注:不含香港特别行政区、澳门特别行政区和台湾省数据。

资料来源:《环境保护部公布 2010 年度及"十一五"全国主要污染物总量减排结果 "十一五"主要污染物总量减排任务全面完成》,生态环境部网站 2011 年 8 月 29 日, https://www.mee.gov.cn/gkml/sthjbgw/qt/201108/t20110829_216607.html。

7.3.2　环境规制指标构建

环境规制指标的构建是估计环境规制对企业出口因果影响的基础。现有文献对环境规制的度量方法大致可分成五类:(1)企业治污投资占企业总成本的比重(Berman et al.,2001);(2)治理污染设施运行费用;(3)地区排污费收入或工业污染治理项目完成投资额占 GDP 的比重;(4)使用各省政府工作报告中与"环境保护"相关词汇出现的频率,构建各地级市政府环境规制的执行强度(陈诗一、陈登科,2018);(5)将政策冲击作为准自然实验。本文借鉴第五种方法,使用"十一五"二氧化硫总量控制计划作为外生的环境规制政策冲击。指标的具体计算方法如下。

环境规制的度量主要采用各个地级市的二氧化硫削减目标与国民经济三位数行业污染密集度的交互项。两个变量的计算公式见式(7.1)与式(7.2)。

第一,地级市层面的二氧化硫削减目标(万吨)。国家公布的是省级层面的二氧化硫削减目标。为了得到地级市层面的二氧化硫削减量数据,本章借鉴 Chen 等(2018)的做法,采用下式度量各地级市 2006—2010 年的二氧化硫削减量:

$$SO_{2_c} = SO_{2_p} \sum_{j=1}^{39} \frac{SO_{2_{2004,j}}}{SO_{2_{2004}}} \frac{output_{cj2004}}{output_{pcj2004}} \qquad (7.1)$$

其中,$SO_{2_{ct}}$ 表示城市 c 在"十一五"期间的二氧化硫削减目标,j 表示国民经济两位数行业。SO_{2_p} 是"十一五"期间各省的二氧化硫削减目标(万吨)。$SO_{2_{2004}}$ 表示 2004 年全国二氧化硫总排放量,$SO_{2_{2004,j}}$ 表示 2004 年全国行业 j 的二氧化硫排放量。[1]$output_{cj2004}$ 表示城市 c 行业 j 在 2004 年[2]的工业总产值,$output_{pcj2004}$ 表示城市 c 所属省份 p 行业 j 在 2004 年的工业总产值,其中工业总产值的数据由中国工业企业数据库计算而来。[3]

　　第二,国民经济三位数行业的二氧化硫排放密集度。具体计算公式为:

$$intensity_i = \frac{2005 \text{ 年三位数行业的二氧化硫排放量}}{2005 \text{ 年二氧化硫的总排放量}} \qquad (7.2)$$

其中,国民经济三位数行业的二氧化硫排放量数据来源于中国企业排污数据库。[4]

7.3.3　回归方程

　　为基于"十一五"二氧化硫减排政策这一准自然实验,使用三重差分方

---

[1]　二氧化硫排放数据来源于历年《中国环境年鉴》。

[2]　选用 2004 年是因为第一年的工业总产值是外生的。

[3]　大连、宁波、厦门、青岛和深圳五个城市的削减目标在政策文件中单独列出,因此这几个城市采用政策文件中列出的削减目标。

[4]　《中国环境年鉴》中只有两位数行业层面的二氧化硫排放数据,故为了得到三位数行业层面的二氧化硫排放密集度,我们选用了中国企业排污数据库中的企业信息来构建三位数行业层面的二氧化硫排放密集度指标。

法评估环境规制对企业出口的影响,我们设定如下回归方程:

$$y_{fdkt} = \alpha(post_{06} \times SO_{2c} \times intensity_i) + \delta Z_{ct} + \theta_{ft} + \vartheta_d + \varepsilon_{fdkt} \qquad (7.3)$$

其中,被解释变量 y_{fdkt} 表示企业 f 在 t 年出口到目的国 d 的 HS 六位数产品 k 的总出口额的对数。关键解释变量是 $post_{06}$、SO_{2c} 与 $intensity_i$ 三项交互。因为"十一五"二氧化硫总量控制计划于 2006 年开始实施,所以 $post_{06}$ 变量在 2006 年及之后年份取值为 1,2006 年之前年份取值为 0;SO_{2c} 是地级市的二氧化硫削减目标;$intensity_i$ 是国民经济三位数行业的二氧化硫排放密集度。Z_{ct} 表示企业所在地级市 c 的特征,包括地级市人均 GDP 的对数、人均工资的对数以及城市最低工资与低技能劳动力占比的交互项,控制这三项有助于缓解地区层面遗漏变量对于估计结果的干扰。θ_{ft} 表示企业固定效应与年份固定效应交互项,用以控制企业层面随时间变化的不可观测因素对估计结果的影响。ϑ_d 表示目的国固定效应,用以控制出口目的国层面不随时间变化的不可观测因素对估计结果的影响。另外,本章的被解释变量是在企业层面度量的,而核心解释变量是在地级市层面度量的。考虑到同一地级市内不同企业的随机扰动项可能存在相关性,我们将标准误聚类到地级市层面。

7.3.4　数据说明

本章使用的出口额数据主要来源于中国海关数据库,时间跨度为 2002—2010 年。海关数据库记录了企业—产品—目的国层面的进出口交易信息。核心解释变量的数据来自《国务院关于"十一五"期间全国主要污染物排放总量控制计划的批复》(国函〔2006〕70 号)。地级市层面二氧化硫减排目标的计算主要用到了《中国环境统计年鉴》、中国工业企业数据库;三位数行业二氧化硫排放密集度的数据来自中国企业排污数据库;地级市层面的控制变量数据来源于《中国城市统计年鉴》;地级市层面最低工资数据来自各地区统计公报与地方政府网站;目的国层面的控制变量数据来自国际货币基金组织(IMF)、WITS-TRAINS宏观数据库。本章所涉及变量的具体含义和描述性统计详见表7.2。

表7.2　主要变量描述性统计

变量名称	观测值个数	均值	标准差	最小值	最大值
出口额(美元)	39 220 046	179 095	6 054 960	1	9.63e+09
三位数行业二氧化硫排放密集度(取对数)	39 220 046	0.285	1.302	−3.49	4.23
地级市二氧化硫削减目标(万吨)	39 220 046	4.119	4.482	0	13.3
地级市人均GDP(美元)	32 203 448	6 669.76	3 480.27	631.39	17 941.38
地级市人均工资(美元)	31 923 614	4 227.73	1 807.11	1 019.16	9 302.44
地级市最低工资(美元)	39 103 388	99.65	34.12	20.54	165.43
城市低技能劳动力占比	39 219 602	0.60	0.10	0.21	0.77

注:地级市层面的经济变量均用各年美元与人民币间接标价的汇率转换为以美元计价。

7.4　回归分析

7.4.1　基本模型:逐步回归

表7.3报告了"十一五"环境规制强度对企业出口额影响的逐步回归结果。在第(1)—(4)列中,我们依次控制了关键解释变量、企业固定效应、年份固定效应,关键解释变量、企业一年份交互固定效应,关键解释变量、国家

固定效应、企业一年份交互固定效应，以及关键解释变量、地级市特征变量[1]、国家固定效应、企业一年份交互固定效应。可以发现，在第(1)—(4)列中，核心解释变量的系数都在 1% 的水平上显著为负，这意味着二氧化硫排放密集度越高的行业的出口额受到二氧化硫排放规制政策的负向影响越大。

表 7.3　逐步回归

变量名称	(1)	(2)	(3)	(4)
$post_{06} \times SO_{2c} \times intensity_i$	−0.012 4***	−0.015 9***	−0.016 5***	−0.017 8***
	(0.001 93)	(0.002 55)	(0.002 50)	(0.002 42)
城市 GDP				−0.066 9***
				(0.022 9)
城市人均工资				−0.067 4
				(0.057 4)
城市最低工资×低技能劳动力占比				0.025 9
				(0.024 3)
常数项	8.922***	8.915***	8.915***	9.968***
	(0.000 642)	(0.004 57)	(0.004 85)	(0.309)
观测值个数	39 186 303	39 010 595	39 010 594	31 741 576
R 平方	0.239	0.272	0.276	0.276
企业固定效应	YES	NO	NO	NO
年份固定效应	YES	NO	NO	NO
国家固定效应	NO	NO	YES	YES
企业一年份固定效应	NO	YES	YES	YES

注：***、** 和 * 分别表示参数的估计值在 1%、5% 和 10% 的统计水平上显著。括号中为标准误。所有回归的标准误均聚类到地级市层面。

7.4.2　稳健性检验

接下来我们从不同的角度对以上回归结果进行稳健性检验。具体包

---

[1]　包括地级市人均 GDP 的对数、人均工资的对数，以及地级市最低工资与低技能劳动力占比的交互项。

括:将政策实施时间更换为 2007 年、控制目的国相关特征、删除削减目标为 0 或者为负的地级市数据、处理 2008 年金融危机的影响、采用实际的二氧化硫减排量以及将数据加总到企业—国民经济三位数行业—年份层面。

第一,将政策实施时间更换为 2007 年。为了更好地实施污染减排计划,环保部于 2007 年启动了"污染减排绩效评估",以加强政策执行,环境监管下放地方,这就使得 2007 年之后环境监管变得更加严格。为此我们将政策实施时间换为 2007 年,再根据式(7.3)进行逐步回归。表 7.4 的估计结果显示,核心解释变量的系数仍然显著为负,表明上文的基准回归结果较为稳健。

表 7.4　更换政策实施时间

变量名称	(1)	(2)	(3)	(4)
$post_{06} \times SO_{2c} \times intensity_i$	$-0.009\,89^{***}$	$-0.014\,3^{***}$	$-0.014\,8^{***}$	$-0.014\,5^{***}$
	$(0.001\,87)$	$(0.002\,42)$	$(0.002\,38)$	$(0.002\,65)$
观测值个数	39 186 303	39 010 595	39 010 594	31 741 576
R 平方	0.239	0.272	0.276	0.276
城市特征变量	NO	NO	NO	YES
企业固定效应	YES	NO	NO	NO
年份固定效应	YES	NO	NO	NO
国家固定效应	NO	NO	YES	YES
企业—年份固定效应	NO	YES	YES	YES

注:*** 、** 和 * 分别表示参数的估计值在 1%、5% 和 10% 的统计水平上显著。括号中为标准误。所有回归的标准误均聚类到地级市层面。为了节省篇幅,没有报告城市层面控制变量和常数项的系数。

第二,控制目的国相关特征。基准回归中控制了目的国固定效应,以控制国家层面不随时间变化的不可观测因素(如目的国与中国的距离、两国是否有共同官方语言、目的国是否与中国接壤等)对估计结果的影响。但是目的国一些随时间变化的特征也会对估计结果产生影响,因此本小节进一步控制目的国随时间变化的一些相关特征对估计结果产生的影响,包括目的国的人均

GDP、目的国与中国的汇率水平[①]以及目的国对中国产品征收的进口关税。[②]表 7.5 的估计结果显示,在进一步控制了目的国随时间变化的一些特征之后,核心解释变量的系数仍然显著为负,表明上文的基准回归结果较为稳健。

表 7.5　控制目的国相关特征

变量名称	(1)	(2)	(3)	(4)	(5)
$post_{06} \times SO_{2c} \times$	−0.017 7***	−0.017 7***	−0.024 1***	−0.016 2***	−0.024 2***
$intensity_i$	(0.002 34)	(0.002 36)	(0.003 22)	(0.002 47)	(0.003 25)
目的国人均 GDP	0.148***			0.402***	0.126***
	(0.025 7)			(0.027 8)	(0.013 6)
实际汇率		−0.267**		0.205*	−0.145***
		(0.117)		(0.108)	(0.045 9)
目的国关税水平			0.133***		0.134***
			(0.005 34)		(0.005 40)
观测值个数	27 057 869	26 653 176	13 902 576	29 394 560	13 761 545
R 平方	0.278	0.278	0.293	0.277	0.293
城市特征变量	YES	YES	YES	YES	YES
国家固定效应	YES	YES	YES	YES	YES
企业一年份固定效应	YES	YES	YES	YES	YES

注:*** 、** 和 * 分别表示参数的估计值在 1%、5% 和 10% 的统计水平上显著。括号中为标准误。所有回归的标准误均聚类到地级市层面。为了节省篇幅,没有报告城市层面控制变量和常数项的系数。

第三,删除削减目标为 0 或者为负的地级市数据。制定削减目标时,鉴于各个省份的经济发展水平以及产业结构、当前污染强度等因素,海南、西藏、青海、新疆四个省、自治区的二氧化硫削减目标为负,甘肃省的二氧化硫削减目标为 0,因此这五个省、自治区几乎没有受到二氧化硫排放的约束。

---

① 汇率 $rer = \dfrac{E_{ct}}{E_{c0}}\dfrac{CPI_t}{CPI_{ct}}$。其中,$E_{ct}$ 表示 t 年时 c 国外币对中国的名义汇率(间接标价法),E_{c0} 表示 2010 年时 c 国外币对中国的名义汇率,CPI_{ct} 表示 t 年时目的国 c 的消费者价格指数(以 2010 年为基期),CPI_t 表示 t 年时中国的消费者价格指数(以 2010 年为基期)。

② 目的国人均 GDP、目的国与中国的汇率水平数据来源于 IMF,关税数据来源于 WITS-TRAINS 数据库。

为了消除这一部分数据对结果可能产生的影响,我们将这五个省、自治区的数据从样本中删除,再按式(7.3)进行估计。回归结果如表 7.6 所示,此时核心解释变量的系数仍然显著为负,且回归系数与基准回归的系数差异较小,表明上文的基准回归结果较为稳健。

表 7.6　删除削减目标为 0 或负的样本

变量名称	(1)	(2)	(3)
$post_{06} \times SO_{2c} \times intensity_i$	−0.015 9***	−0.016 5***	−0.017 7***
	(0.002 55)	(0.002 50)	(0.002 40)
观测值个数	38 873 343	38 873 342	31 669 763
R 平方	0.272	0.276	0.276
城市特征变量	NO	NO	YES
国家固定效应	NO	YES	YES
企业—年份固定效应	YES	YES	YES

注:***、** 和 * 分别表示参数的估计值在 1%、5% 和 10% 的统计水平上显著。括号中为标准误。所有回归的标准误均聚类到地级市层面。本表控制了城市层面的特征变量。为了节省篇幅,没有报告城市层面控制变量和常数项的系数。

第四,处理 2008 年金融危机的影响。2008 年的金融危机给各国经济造成了巨大的负向需求冲击,导致企业的生产与出口大幅下降,这些负向需求冲击也会降低中国出口。虽然在基准回归中,我们已经控制了企业固定效应和年份固定效应的交互项,从而控制了企业层面随时间变化的不可观测因素对结果产生的影响。但是我们的数据包含了 2009 年,正是金融危机后的特别时期,这部分数据可能导致基准回归的结果被高估,因此我们剔除 2009 年的数据再根据式(7.3)进行回归。从表 7.7 中可以看出,核心解释变量的系数绝对值确实有所下降[①],但是其下降幅度并不太大,说明基准回归对于政策影响的估计是比较稳健的。

---

① 下降是因为剔除 2009 年的数据之后忽略了 2009 年的政策影响。

表 7.7　排除 2008 年金融危机的影响

变量名称	出口额
$post_{06} \times SO_{2_c} \times intensity_i$	$-0.015\,2^{***}$
	$(0.002\,55)$
观测值个数	26 401 640
R 平方	0.277
城市特征变量	YES
国家固定效应	YES
企业一年份固定效应	YES

注：***、** 和 * 分别表示参数的估计值在 1%、5% 和 10% 的统计水平上显著。括号中为标准误。所有回归的标准误均聚类到地级市层面。本表控制了城市层面的特征变量。为了节省篇幅，没有报告城市层面控制变量和常数项的系数。

第五，采用"十一五"期间各省实际削减的二氧化硫来构建关键解释变量。从表 7.1 中可以得到各个省、自治区"十一五"期间的二氧化硫实际削减率，然后按照式(7.1)计算每个地级市的实际二氧化硫削减量，再用式(7.3)进行回归①，得到表 7.8 所示的回归结果。从表 7.8 中可以看出，核心解释变量的系数$-0.017\,4$和基准回归中的$-0.017\,8$非常接近，这进一步说明我们的估计结果是稳健的。

表 7.8　采用二氧化硫实际削减量

变量名称	(1)	(2)
$post_{06} \times SO_{2_c} \times intensity_i$	$-0.016\,0^{***}$	$-0.017\,4^{***}$
	$(0.002\,51)$	$(0.002\,56)$
观测值个数	38 891 918	31 684 988
R 平方	0.276	0.276
城市特征变量	NO	YES
国家固定效应	YES	YES
企业一年份固定效应	YES	YES

注：***、** 和 * 分别表示参数的估计值在 1%、5% 和 10% 的统计水平上显著。括号中为标准误。所有回归的标准误均聚类到地级市层面。本表控制了城市层面的特征变量。为了节省篇幅，没有报告城市层面控制变量和常数项的系数。

① 回归时删除了二氧化硫排放增加的地级市，因为这些地级市的削减量为负，无法取对数。

第六,使用企业—国民经济三位数行业—年份层面的数据进行逐步回归。为了更细致地加以研究,我们在基准回归中选用的数据维度是企业—目的国—HS 六位数产品—年份层面,但是核心解释变量是城市—国民经济三位数行业—年份层面,因此我们将企业出口额的数据加总到企业—国民经济三位数行业—年份层面,再利用式(7.3)进行逐步回归,得到的回归结果如下表 7.9 所示。从表 7.9 中可以看出,核心解释变量的系数在 1% 的显著性水平上仍然为负且系数的绝对值大于基准回归得到的结果,这说明我们的基准回归结果在变换数据维度之后仍然是稳健的。

表 7.9 使用企业—国民经济三位数行业—年份层面数据的逐步回归结果

变量名称	(1)	(2)	(3)
$post_{06} \times SO_{2c} \times intensity_i$	−0.021 8***	−0.023 5***	−0.053 1***
	(0.003 31)	(0.003 66)	(0.009 40)
城市 GDP			−0.127***
			(0.028 1)
城市人均工资			−0.035 6
			(0.047 3)
城市最低工资×低技能劳动力占比			0.331***
			(0.028 7)
观测值个数	7 814 522	7 340 397	7 241 886
R 平方	0.272	0.276	0.276
企业固定效应	YES	NO	NO
年份固定效应	YES	NO	NO
企业—年份固定效应	NO	YES	YES

注:***、** 和 * 分别表示参数的估计值在 1%、5% 和 10% 的统计水平上显著。括号中为标准误。所有回归的标准误均聚类到地级市层面。本表控制了城市层面的特征变量。为了节省篇幅,没有报告城市层面控制变量和常数项的系数。

7.5 异质性分析

上述结果表明,二氧化硫排放密集度越高的行业的出口额受到二氧化硫排放规制政策的负向影响越大,但基准回归结论是建立在均值回归模型的基础之上的,解释的是一种平均效应,可能会掩盖异质性影响。因此,有必要引入异质性特征,进一步观察经济环境规制强度对企业出口额的影响。在本节,我们将结合经济现实与经济学理论,依次从企业所有制、贸易方式、地区特征、需求价格弹性来分析"十一五"环境规制政策对企业出口行为的异质性影响。

7.5.1　企业所有制

所有制类型不同的企业在受到政策冲击时的反应也是存在差异的,因此我们将海关数据中的企业类型进行划分,主要分为国有企业、民营企业、外资企业(包含外商独资企业和合资企业),并进一步分样本进行估计,得到估计结果如表 7.10 所示。其中政策强度对国有企业的影响是比较小的,这是因为国有企业除了追求经济效益外还需要承担一定的社会责任;同时,民营企业受到的影响也是比较小的;而外资企业受到的负向影响相较其他类型的企业而言是比较大的。对于这一估计结果的一种解释是:有文献表明,在中国,污染企业的议价与游说能力是比较强的,而地方的监督政策实施的能力比较弱(Lo et al.,2006;Wang et al.,2003),且国内污染企业比外资企业更容易获得信息,并与地方政府进行谈判。因此,环境政策对国内企业出口的负向影响更小,主要受影响的是外资企业。

环境保护部于 2007 年启动了"污染减排绩效评估",以加强政策执行力度。这一措施使得环境政策的执行力度加强,国内企业的议价能力下降,因此我们将政策实施年份更换为 2007 年之后再看企业所有制的异质性。从表 7.11 中可以看出,相比表 7.10 中的回归结果,二氧化硫控制计划

表 7.10　不同所有制企业的异质性

变量名称	国有企业	民营企业	外资企业
$post_{06} \times SO_{2c} \times intensity_i$	$-0.009\,68^{***}$	$-0.003\,94^{***}$	-0.126^{***}
	$(0.003\,59)$	$(0.001\,40)$	$(0.019\,2)$
观测值个数	7 744 800	10 504 358	5 644 398
R 平方	0.151	0.318	0.261
城市特征变量	YES	YES	YES
国家固定效应	YES	YES	YES
企业—年份固定效应	YES	YES	YES

　　注：***、** 和 * 分别表示参数的估计值在 1%、5% 和 10% 的统计水平上显著。括号中为标准误。所有回归的标准误均聚类到地级市层面。本表控制了城市层面的特征变量。为了节省篇幅，没有报告城市层面控制变量和常数项的系数。

对国有企业的负向影响更大，对民营企业造成的影响不大，对外资企业的负向影响下降了。这说明地方政府为了减排绩效评估，加大了对国有企业的监管力度，缩小了二氧化硫排放规制政策对国内企业与外资企业出口额的影响差距。

表 7.11　政策实施年份为 2007 年时的不同所有制企业的异质性

变量名称	国有企业	民营企业	外资企业
$post_{06} \times SO_{2c} \times intensity_i$	$-0.013\,1^{**}$	$-0.002\,77$	-0.115^{***}
	$(0.005\,62)$	$(0.002\,08)$	$(0.018\,0)$
观测值个数	7 744 800	10 504 358	5 644 398
R 平方	0.151	0.318	0.261
城市特征变量	YES	YES	YES
国家固定效应	YES	YES	YES
企业—年份固定效应	YES	YES	YES

　　注：***、** 和 * 分别表示参数的估计值在 1%、5% 和 10% 的统计水平上显著。括号中为标准误。所有回归的标准误均聚类到地级市层面。本表控制了城市层面的特征变量。为了节省篇幅，没有报告城市层面控制变量和常数项的系数。

7.5.2　贸易方式

我们将海关数据中贸易方式为来料加工装配贸易、进料加工贸易、来料加工装配进口的设备和出料加工贸易统一归为加工贸易;再按加工贸易和一般贸易进行分样本回归。表 7.12 中的估计结果显示,环境规制政策的实施使得加工贸易和一般贸易都受到了负向的影响,但是相比之下,加工贸易受到的影响远大于一般贸易。

王雅琦等(2018)认为两种企业在面临成本冲击时出现不一样的反应的原因主要有两方面。第一,加工贸易的增加值率低,且这类企业的利润率往往较低。在中国,加工贸易主要是靠廉价劳动力赚取加工组装收益,利润在与外商签订合约的时候已经固定,因此利润空间比较低。这一现实使得加工贸易企业在面临环境规制压力时更容易削减出口,甚至退出市场。第二,加工贸易"两头在外"的模式使其没有动力去进行技术创新,只能被动地接受政策,因此出口下降更多。

表 7.12　不同贸易方式的异质性

变量名称	一般贸易	加工贸易
$post_{06} \times SO_{2c} \times intensity_i$	$-0.008\,66^{***}$	-0.203^{***}
	$(0.001\,41)$	$(0.030\,7)$
观测值个数	26 449 412	1 988 811
R 平方	0.283	0.327
城市特征变量	YES	YES
国家固定效应	YES	YES
企业—年份固定效应	YES	YES

注:***、** 和 * 分别表示参数的估计值在 1%、5% 和 10% 的统计水平上显著。括号中为标准误。所有回归的标准误均聚类到地级市层面。本表控制了城市层面的特征变量。为了节省篇幅,没有报告城市层面控制变量和常数项的系数。

7.5.3　地区特征

　　考虑到中国各个地区的经济发展不平衡,下面将中国各省、自治区、直辖市划分为东部、中部、西部地区进行分样本回归。表 7.13 中的估计结果显示环境规制政策的强度对东部和中部地区的影响较大,对西部地区几乎没什么影响。这一估计结果是比较符合现实的,因为"十一五"二氧化硫控制计划主要是针对东部和中部地区的,对这些地区的省份的削减量要求更大,这些省份的企业受到的影响更大。

　　政策制定时存在的这种地区之间的目标差异,就可能使得东部和中部地区的企业转移生产至西部地区企业,Wu 等(2016)就发现企业存在这种生产转移的情况。忽视企业在地区之间的转移可能影响我们的估计结果。不过,企业在地区之间的转移在较短的时间内并不容易发生。

表 7.13　不同地区的异质性

变量名称	东部地区	中部地区	西部地区
$post_{06} \times SO_{2c} \times intensity_i$	$-0.017\,9^{***}$	$-0.017\,2^{***}$	$-0.000\,942$
	$(0.002\,54)$	$(0.007\,53)$	$(0.006\,54)$
观测值个数	29 955 137	1 049 367	652 237
R 平方	0.276	0.333	0.333
城市特征变量	YES	YES	YES
国家固定效应	YES	YES	YES
企业一年份固定效应	YES	YES	YES

　　注:***、** 和 * 分别表示参数的估计值在 1%、5% 和 10% 的统计水平上显著。括号中为标准误。所有回归的标准误均聚类到地级市层面。本表控制了城市层面的特征变量。为了节省篇幅,没有报告城市层面控制变量和常数项的系数。

7.5.4　需求价格弹性

不同需求价格弹性的出口产品在面临负向生产成本冲击时,其出口额可能会呈现出不同的反应程度。为此,我们使用 Broda 和 Weinstein (2006)计算的 73 个国家 HS 三位数产品的进口需求弹性的数据,将样本分为需求价格弹性比较高和需求价格弹性较低两组样本[1],再分组进行回归,回归结果见表 7.14。从表 7.14 可见,环境规制强度对于需求价格弹性较高和需求价格弹性较低的商品都会有显著的负向影响,但是对于需求价格弹性较高的产品的出口额的负向影响稍大于需求价格弹性较低的产品。

表 7.14　不同需求价格弹性的异质性

变量名称	较高需求价格弹性	较低需求价格弹性
$post_{06} \times SO_{2c} \times intensity_i$	$-0.019\,4^{***}$	$-0.015\,8^{***}$
	$(0.003\,66)$	$(0.002\,03)$
观测值个数	11 013 832	20 496 284
R 平方	0.312	0.278
城市特征变量	YES	YES
国家固定效应	YES	YES
企业—年份固定效应	YES	YES

注:*** 、** 和 * 分别表示参数的估计值在 1%、5% 和 10% 的统计水平上显著。括号中为标准误。所有回归的标准误均聚类到地级市层面。本表控制了城市层面的特征变量。为了节省篇幅,没有报告城市层面控制变量和常数项的系数。

---

① 将数据中需求价格弹性高于平均值的产品定义为高需求价格弹性产品,反之则定义为低需求价格弹性产品。

7.6　小结

为了缓解环境问题而提出的"十一五"污染物总量控制计划,通过强化目标责任考核,狠抓工程减排、结构减排、管理减排,中国各城市污水处理率由 2005 年的 52％提高到了 2012 年的 85％,燃煤电厂脱硫机组比例由 14％提高到了 90％。"十一五"期间,二氧化硫、化学需氧量排放量分别下降了 14.29％和 12.45％。[①]但是,不容忽视的是,环境规制政策在使得中国环境问题得到改善的同时,也对中国企业的出口贸易产生了一定的负向影响。

本章以"十一五"二氧化硫减排政策为一项准自然实验,结合三重差分方法与中国海关数据库,考察了环境规制政策对中国企业出口额的影响。估计结果显示,二氧化硫排放密集度越高的行业的出口额受到二氧化硫排放规制政策的负向影响越大。进一步的异质性分析得到了同理论推断一致的结论:外资企业、东部和中部地区企业以及从事加工贸易的企业受到的负向影响更大,且在政府加大了对国有企业的监管后,国有企业受到的负向影响变大。

如果不对企业的污染行为进行规制,就会损害居民的健康等福利;而过度考虑保护环境的因素,又可能降低增长与就业。因此,环境规制政策制定者面临的一个核心问题是,如何在保障居民福利与促进增长之间做出合适的权衡取舍。而要做出合适的权衡取舍,需要我们对环境的收益与成本进

---

① 参见《中国特色社会主义和中国梦宣传教育系列报告会第一场　周生贤作报告》,共产党员网 2013 年 8 月 22 日,http://news.12371.cn/2013/08/22/ARTI1377167899401264.shtml。

行全面而准确的估计。现有文献主要从居民健康、就业与产品质量升级等
角度估计了环境规制政策的收益。研究二氧化硫减排目标对企业出口的影
响,有助于我们更加全面地认识环境规制政策的经济成本,进而实施最优的
环境规制。

第8章 结 语

8.1 理论总结

改革开放以来，尤其是加入 WTO 以来，中国的出口取得了举世瞩目的成就；飞速增长的出口为中国经济的持续高速增长做出了重要贡献。本书主要从经济政策的角度对中国出口增长与变化的原因进行了实证研究，并得到以下几个主要结论。

第一，对于产业政策的有效性，国内外学术界一直没有定论。在国内，学术界更是在是否应当实施产业政策这一问题上存在激烈的争论。在实践领域，中央与地方各级政府已经广泛且持续地实施了一系列的产业政策。这些产业政策既有成功的案例，也有失败的教训。所以，来自中国的实践呕须我们回答的问题还不是要不要产业政策，而是为什么一些产业政策成功地实现了目标，而另外一些却失败了。上升到更具一般性意义的层面，我们需要利用中国的经验告诉大家，产业政策的成功实施可能需要哪些条件。

鉴于产业政策在中国实施的一个重要抓手是设立各类开发区，本书第 4

章以中国各地逐步设立的旨在促进出口的出口加工区为例,实证检验了产业政策成功实施所需要的前提条件。具体而言,第 4 章检验了是否当出口加工区设立时所选择的重点产业同当地的生产性结构保持一致时,该政策对出口有更好的促进效果。本研究发现,平均而言,出口加工区的产业扶持政策显著地促进了出口;并且被扶持行业与当地生产性结构之间的关联度越高,行业从出口加工区政策中获得的出口收益越大。

第二,本书第 5 章以中国城市商业银行的成立为一项准自然实验,结合异质性企业理论与双重差分方法,研究了地方金融发展对中国企业出口的影响与微观作用机制。研究发现,城市商业银行降低了民营企业的平均贷款利率,但对民营企业获得贷款的概率没有显著影响,即,城市商业银行主要是通过金融深化,而不是金融广化来改善民营企业的融资约束问题。民营企业的融资成本降低之后,可以更低的价格出口产品,也更有能力去开拓国际市场,这是城市商业银行促进民营企业出口增长的微观作用机制。进一步的研究表明,城市商业银行的发展并没有消除中国银行业对国有部门的系统性贷款偏向。该研究有助于增进对中国出口增长微观基础的认识。

第三,全面而准确地认识劳动保护带来的收益与成本,是制定最优的劳动保护政策的基础。为此,本书第 6 章结合多个微观数据库与双重差分方法,研究了《劳动合同法》及其实施强度对中国民营企业出口行为的影响。估计结果显示,企业所在地级市对《劳动合同法》的实施强度每提高一个标准差,平均而言会使得私营企业的出口概率与出口额分别下降约 2.7% 与 16%。最低工资较高地区、劳动密集程度较高、融资约束较强、规模较小的企业受到《劳动合同法》的负向影响更大。进一步的机制分析表明,《劳动合同法》的实施显著地降低了民营企业的生产率与长期雇用员工数量。这些发现有助于我们更加全面地认识劳动保护的经济成本。

第四,全面而准确地认识环境保护带来的收益与成本,是制定最优的环境保护政策的基础。为此,本书第 7 章以"十一五"二氧化硫减排政策为一项准自然实验,结合三重差分方法与中国海关数据库,考察了环境规制政策对于中国企业出口额的影响。估计结果显示,二氧化硫排放密集度越高的行业的出口额受到二氧化硫排放规制政策的负向影响越大。进一步的异质性分析得到了同理论推断一致的结论:外资企业、东部和中部地区企业以及从事加工贸易的企业受到的负向影响更大,且在政府加大了对国有企业的监管后,国有企业受到的负向影响变大。这些发现有助于我们更加全面地认识环境保护的经济成本。

8.2 政策含义

基于上述研究,我们得出如下政策含义。

第一,如何因势利导地利用好当地的已有比较优势以尽可能降低劳动力成本上升带来的不利影响,并培育新的比较优势,促进企业转型与产业升级,实现从工业"大"国向工业"强"国的转变,以推动中国经济持续高质量增长,具有重要而迫切的现实意义。本书第 4 章的发现告诉我们,如果政府在制定鼓励出口的产业政策时能够按照本地的比较优势来确定重点扶持的"主导产业",那么中国制造业的出口潜力就能够获得进一步挖掘。由于中国东中西部地区资源禀赋差异较大,因此不同地区存在不同的比较优势;充分发挥不同地区比较优势,促进生产要素合理流动,深化区域合作,将有助于推进区域良性互动发展,逐步缩小区域发展差异。但事实上,地方政府之间出于税收竞争与官员晋升压力,往往不顾自身经济条件一窝蜂地发展所谓的高新技术产业(如新能源产业),这样的直接后果是效率低下与产能过剩。本书第5章以出口加工区为例的研究结果表明,违背自身生产性结构的产业政策并不能实现既有目标;反之,同当地生产性结构保持一致的产业政策则能有效地促进出口增长。

第二,"融资难、融资贵"是横亘在中小企业发展面前的一个难题。本书第5章对城市商业银行影响中小企业融资约束两种不同作用机制的认识,可以为如何进一步发展好银行业提供有意义的参考。这两种作用机制有着不同的政策含义:如果城市商业银行主要通过发挥信息优势来缓解中小企业融资约束,则意味着政策改革的方向是简化银行业的层级结构与提高中小企业财务报表的透明度与可信性;如果城市商业银行主要通过促进银行之间的竞争来缓解中小企业的融资约束,则意味着政策改革的方向是通过推动金融生态环境建设与完善信贷市场竞争机制等方式来促进银行之间的竞争。第5章基于资产有形性度量行业金融依赖程度指标,发现资产有形性程度越低的行业从城市商业银行发展中获得的出口额增长越多,这一发现支持"城市商业银行主要通过发挥信息优势来缓解中小企业融资约束"机制。

第三,本书第6章发现劳动保护给民营企业的出口带来了显著的负向影响,但这并不意味着我们不应该加强法制建设与保护劳动者的应有权利。相反,中国应积极保护劳动者,尤其是低技能与受教育程度较低劳动者的合法劳动权益。上述发现只是启发我们,在积极保护劳动者权益时,为兼顾增长与劳动者福利,政府需要制定一些补充政策,例如,给企业尤其是劳动密集型企业减税降费,给中小企业尤其是中小民营企业提供贷款优惠,缓解其融资约束,以对冲《劳动合同法》所带来的劳动力成本上升,促进企业从中国制造向中国创造转型。

第四,本书第 7 章发现二氧化硫减排目标提高给企业的出口额带来了显著的负向影响,但这并不意味着我们不应该加强环境保护。相反,中国应积极加强环境保护,以促进经济可持续发展。上述发现只是启发我们,在提高减排目标时,为兼顾增长与居民福利,政府需要制定一些补充政策,对积极改善企业排污设备、进行绿色技术升级的企业,给予适时、适度的补贴,促进企业自发地改善生产设备,将环境规制对于出口贸易的影响降到最低。此外,还应该结合排污现实,统筹各个省份的减排目标,避免污染企业从减排目标高的地区向减排目标低的地区大规模转移所带来的环境不平等。

参考文献

包群、邵敏、L. Song:《地理集聚、行业集中与中国企业出口模式的差异性》,《管理世界》2012 年第 9 期。

步丹璐、黄杰:《企业寻租与政府的利益输送——基于京东方的案例分析》,《中国工业经济》2013 年第 6 期。

曹慧平、王欣:《契约环境、社会信任与出口稳定性:基于目的国视角的研究》,《世界经济研究》2020 年第 10 期。

常凯:《劳动关系的集体化转型与政府劳工政策的完善》,《中国社会科学》2013 年第 6 期。

陈琳、何欢浪、罗长远:《融资约束与中小企业的出口行为:广度和深度》,《财经研究》2012 年第 10 期。

陈诗一、陈登科:《雾霾污染、政府治理与经济高质量发展》,《经济研究》2018 年第 2 期。

陈钊、熊瑞祥:《比较优势与产业政策效果——来自出口加工区准实验的证据》,《管理世界》2015 年第 8 期。

丁守海:《最低工资管制的就业效应分析——兼论〈劳动合同法〉的交互

影响》,《中国社会科学》2010 年第 1 期。

杜鹏程、徐舒、吴明琴:《劳动保护与农民工福利改善——基于新〈劳动合同法〉的视角》,《经济研究》2018 年第 3 期。

冯苑:《城市高房价会抑制居民劳动参与吗?》,《财经研究》2020 年第 10 期。

高帆、汪亚楠、方晏荷:《慈善捐赠:企业增加融资的有效渠道——基于中国私营企业调查数据的实证研究》,《学术研究》2014 年第 10 期。

谷任、吴海斌:《汇率变动、市场份额与中国纺织品服装出口竞争力》,《世界经济》2007 年第 3 期。

韩超、桑瑞聪:《环境规制约束下的企业产品转换与产品质量提升》,《中国工业经济》2018 年第 2 期。

韩超、王震、田蕾:《环境规制驱动减排的机制:污染处理行为与资源再配置效应》,《世界经济》2021 年第 8 期。

黄玖立、冯志艳:《用地成本对企业出口行为的影响及其作用机制》,《中国工业经济》2017 年第 9 期。

黄玖立、吴敏、包群:《经济特区、契约制度与比较优势》,《管理世界》2013 年第 11 期。

寇宗来、刘学悦:《中国企业的专利行为:特征事实以及来自创新政策的影响》,《经济研究》2020 年第 3 期。

黎建飞:《〈劳动合同法(草案)〉的立法背景与创新》,《中国社会科学院研究生院学报》2006 年第 4 期。

李建强、赵西亮:《劳动保护与企业创新——基于"劳动合同法"的实证研究》,《经济学(季刊)》2019 年第 1 期。

连玉君、苏治、丁志国:《现金—现金流敏感性能检验融资约束假说吗?》,《统计研究》2008 年第 10 期。

廖冠民、陈燕:《劳动保护、劳动密集度与经营弹性:基于 2008 年〈劳动合同法〉的实证检验》,《经济科学》2014 年第 2 期。

林汉川、秦志辉、池仁勇:《中国中小企业发展报告 2014》,北京大学出版社 2014 年版。

林毅夫、李永军:《中小金融机构发展与中小企业融资》,《经济研究》2001 年第 1 期。

林毅夫、李志赟:《政策性负担、道德风险与预算软约束》,《经济研究》2004 年第 2 期。

刘伟江、杜明泽、白玥:《环境规制对绿色全要素生产率的影响——基于技术进步偏向视角的研究》,《中国人口・资源与环境》2022 年第 3 期。

刘媛媛、刘斌:《劳动保护、成本粘性与企业应对》,《经济研究》2014 年第 5 期。

龙小宁、朱艳丽、蔡伟贤、李少民:《基于空间计量模型的中国县级政府间税收竞争的实证研究》,《经济研究》2014 年第 8 期。

楼文龙:《改革开放半甲子 城市商行一轮回——城市商业银行改革发展的回顾与展望》,《中国金融》2008 年第 14 期。

卢闯、唐斯圆、廖冠民:《劳动保护、劳动密集度与企业投资效率》,《会计研究》2015 年第 6 期。

卢峰、姚洋:《金融压抑下的法治、金融发展和经济增长》,《中国社会科学》2004 年第 1 期。

陆利平、邱穆青:《商业信用与中国工业企业出口扩张》,《世界经济》2016 年第 6 期。

罗长远、季心宇:《融资约束下的企业出口和研发:"鱼"与"熊掌"不可兼得?》,《金融研究》2015 年第 9 期。

　　罗知、齐博成:《环境规制的产业转移升级效应与银行协同发展效应——来自长江流域水污染治理的证据》,《经济研究》2021 年第 2 期。

　　吕越、罗伟、包群:《企业上游度、贸易危机与价值链传导的长鞭效应》,《经济学(季刊)》2020 年第 3 期。

　　马双、甘犁:《最低工资对企业在职培训的影响分析》,《经济学(季刊)》2013 年第 1 期。

　　倪骁然、朱玉杰:《劳动保护、劳动密集度与企业创新——来自 2008 年〈劳动合同法〉实施的证据》,《管理世界》2016 年第 7 期。

　　潘红波、陈世来:《〈劳动合同法〉、企业投资与经济增长》,《经济研究》2017 年第 4 期。

　　潘向东、廖进中、赖明勇:《经济制度安排、国际贸易与经济增长影响机理的经验研究》,《经济研究》2005 年第 11 期。

　　钱学锋、熊平:《中国出口增长的二元边际及其因素决定》,《经济研究》2010 年第 1 期。

　　任曙明、吕镯:《融资约束、政府补贴与全要素生产率——来自中国装备制造企业的实证研究》,《管理世界》2014 年第 11 期。

　　申萌、曾燕萍、曲如晓:《环境规制与企业出口:来自千家企业节能行动的微观证据》,《国际贸易问题》2015 年第 8 期。

　　沈坤荣、周力:《地方政府竞争、垂直型环境规制与污染回流效应》,《经济研究》2020 年第 3 期。

　　沈永建、范从来、陈冬华、刘俊:《显性契约、职工维权与劳动力成本上升:〈劳动合同法〉的作用》,《中国工业经济》2017 年第 2 期。

　　盛丹、张国峰:《两控区环境管制与企业全要素生产率增长》,《管理世界》2019 年第 2 期。

斯丽娟、曹昊煜：《绿色信贷政策能够改善企业环境社会责任吗——基于外部约束和内部关注的视角》，《中国工业经济》2022 年第 4 期。

孙楚仁、田国强、章韬：《最低工资标准与中国企业的出口行为》，《经济研究》2013 年第 2 期。

孙灵燕、李荣林：《融资约束限制中国企业出口参与吗?》，《经济学(季刊)》2011 年第 1 期。

孙伟增、张晓楠、郑思齐：《空气污染与劳动力的空间流动——基于流动人口就业选址行为的研究》，《经济研究》2019 年第 11 期。

田文佳、张庆华、龚六堂：《土地引资促进地区工业发展了吗? ——基于土地、企业匹配数据的研究》，《经济学(季刊)》2020 年第 1 期。

佟家栋、刘竹青：《地理集聚与企业的出口抉择：基于外资融资依赖角度的研究》，《世界经济》2014 年第 7 期。

王雅琦、谭小芬、张金慧、卢冰：《人民币汇率、贸易方式与产品质量》，《金融研究》2018 年第 3 期。

王永进：《关系与民营企业的出口行为：基于声誉机制的分析》，《世界经济》2012 年第 2 期。

王征、王雷：《地方政府行为动因视角下的区域产业政策趋同问题探析》，《四川旅游学院学报》2015 年第 1 期。

谢宇：《回归分析(修订版)》，社会科学文献出版社 2013 年版。

熊瑞祥、万倩、梁文泉：《外资企业的退出市场行为——经济发展还是劳动力市场价格管制?》，《经济学(季刊)》2021 年第 4 期。

许红梅、李春涛：《劳动保护、社保压力与企业违约风险——基于〈社会保险法〉实施的研究》，《金融研究》2020 年第 3 期。

阳佳余:《融资约束与企业出口行为:基于工业企业数据的经验研究》,《经济学(季刊)》2012 年第 4 期。

阳佳余、徐敏:《融资多样性与中国企业出口持续模式的选择》,《世界经济》2015 年第 4 期。

杨天宇、刘瑞:《论资源环境约束下的中国产业政策转型》,《学习与探索》2009 年第 2 期。

于洪霞、龚六堂、陈玉宇:《出口固定成本融资约束与企业出口行为》,《经济研究》2011 年第 4 期。

张成、于同申、郭路:《环境规制影响了中国工业的生产率吗——基于 DEA 与协整分析的实证检验》,《经济理论与经济管理》2010 年第 3 期。

张杰:《金融抑制、融资约束与出口产品质量》,《金融研究》2015 年第 6 期。

张杰、郑文平:《政府补贴如何影响中国企业出口的二元边际》,《世界经济》2015 年第 6 期。

张坤民、温宗国、彭立颖:《当代中国的环境政策:形成、特点与评价》,《中国人口·资源与环境》2007 年第 2 期。

张五常:《张五常论新劳动法》,《法律和社会科学》2009 年第 1 期。

郑志刚、邓贺斐:《法律环境差异和区域金融发展——金融发展决定因素基于中国省级面板数据的考察》,《管理世界》2010 年第 6 期。

钟笑寒:《地区竞争与地方保护主义的产业组织经济学》,《中国工业经济》2005 年第 7 期。

周春光、刘思峰:《外商直接投资对产品出口贡献的效应分析》,《管理世界》2006 年第 1 期。

周定根、杨晶晶:《商业信用、质量信息传递与企业出口参与》,《管理世界》2016 年第 7 期。

朱希伟、金祥荣、罗德明:《国内市场分割与中国的出口贸易扩张》,《经济研究》2005 年第 12 期。

祝继高、饶品贵、鲍明明:《股权结构、信贷行为与银行绩效——基于我国城商行数据的实证研究》,《金融研究》2012 年第 7 期。

踪家峰、周亮:《大城市支付了更高的工资吗?》,《经济学(季刊)》2015 年第 4 期。

Acemoglu, D., and P. Restrepo, 2018. "The Race Between Man and Machine: Implications of Technology for Growth, Factor Shares and Employment". *American Economic Review* 108(6):1488—1542.

Aghion, P., J. Cai, M. Dewatripont, L. Du, A. Harrison, and P. Legros, 2015. "Industrial Policy and Competition: Macroeconomics". *American Economic Journal* 7(4):1—32.

Akee, R., L. Zhao, and Z. Zhao, 2019. "Unintended Consequences of China's New Labor Contract Law on Unemployment and Welfare Loss of the Workers". *China Economic Review* 53:87—105.

Akinci, G., and J. Crittle, 2008. "Special Economic Zones: Performance, Lessons Learned, and Implications for Zone Development". Washington D. C.: The World Bank.

Alder, S., L. Shao, and F. Zilibotti, 2013. "The Effect of Economic Reform and Industrial Policy in a Panel of Chinese Cities". University of Zurich, Working Paper.

Allen, F., J. Qian, and M. Qian, 2005. "Law, Finance, and Economic Growth in China". *Journal of Financial Economics* 77:57—116.

Alsan, M., and C. Goldin, 2019. "Watersheds in Child Mortality: The Role of Effective Water and Sewerage Infrastructure, 1880—1920". *Journal of Political Economy* 127(2):586—638.

Amiti, M., and D. E. Weinstein, 2011. "Exports and Financial Shocks". *Quarterly Journal of Economics* 126:1841—1877.

Amiti, M., and C. Freund, 2010. "The Anatomy of China's Export Growth". In R. Feenstra and S. J. Wei(Eds.), *China's Growing Role in World Trade*. University of Chicago Press, pp.35—56.

Angrist, J. D., and J. S. Pischke, 2009. *Mostly Harmless Econometrics: An Empiricist's Companion*. Princeton University Press.

Ariff, M., and L. Can, 2008. "Cost and Profit Efficiency of Chinese Banks: A Non-parametric Analysis". *China Economic Review* 19:260—273.

Autor, D. H., W. R. Kerr, and A. D. Kugler, 2007. "Does Employment Protection Reduce Productivity? Evidence from US States". *Economic Journal* 117(521):189—217.

Balassa, B., 1965. "Trade Liberalisation and Revealed Comparative Advantage". *Manchester School of Economic and Social Studies* 33:99—123.

Baldwin, R., 1992. "High Technology Exports and Strategic Trade Policy in Developing Countries: The Case of Brazilian Aircraft". In G. K. Hellerner(Ed.), *Trade Policy, Industrialization and Development*. Oxford: Clarendon Press.

Bao, Q., Y. Wang, and N. Ye, 2015. "External Finance and Firm's

Sales: Evidence from Chinese Firms". Working Paper.

Beck, T., 2002. "Financial Development and International Trade: Is There a Link?". *Journal of International Economics* 57:107—131.

Beck, T., A. Demirgüç-Kunt, and V. Maksimovic, 2004. "Bank Competition and Access to Finance: International Evidence". *Journal of Money* 36(3):627—648.

Berger, A. N., I. Hasan, and M. Zhou, 2009. "Bank Ownership and Efficiency in China: What Will Happen in the World's Largest Nation?". *Journal of Banking & Finance* 33:113—130.

Berman, E., and L. T. M. Bui, 2001. "Environmental Regulation and Productivity: Evidence from Oil Refineries". *Review of Economics and Statistic* 83:498—510.

Bernard, A. B., J. B. Jensen, S. J. Redding, and P. K. Schott, 2007. "Firms in International Trade". *Journal of Economic Perspectives* 21(3): 105—130.

Bernard, A. B., S. J. Redding, and P. K. Schott, 2007. "Comparative Advantage and Heterogeneous Firms". *Review of Economic Studies* 74(1):31—66.

Bertrand, M., and D. S. Mullainathan, 2004. "How Much Should We Trust Differences-in-Differences Estimates?". *Quarterly Journal of Economics* 119(1):249—275.

Besedeš, T., B.-C. Kim, and V. Lugovskyy, 2014. "Export Growth and Credit Constraints". *European Economic Review* 70:350—370.

Bjuggren, C. M., 2018. "Employment Protection and Labor Productivity". *Journal of Public Economics* 157:138—157.

Blonigen, B., 2016. "Industrial Policy and Downstream Export Performance". *The Economic Journal* 126(595):1635—1659.

Blonigen, B., and A. Ma, 2010. "Please Pass the Catch-up: The Relative Performance of Chinese and Foreign Firms in Chinese Exports". In R. Feenstra and S. J. Wei(Eds.), *China's Growing Role in World Trade*. University of Chicago Press, pp.475—509.

Brander, J. A., and B. J. Spencer, 1981. "Tariffs and the Extraction of Foreign Monopoly Rents under Potential Entry". *The Canadian Journal of Economics* 14(3):371—389.

Brander, J. A., and B. J. Spencer, 1985. "Export Subsidies and International Market Share Rivalry". *Journal of International Economics* 18(12):83—100.

Brandt, L., L. Wang, and Y. Zhan, 2017. "Productivity in Chinese Industry:1998—2013". World Bank Working Paper.

Brandt, L., and T. G. Rawski, 2008. *China's Great Economic Transformation*. Cambridge University Press.

Brandt, L., V. J. Biesebroeck, H. Wang, and Y. Zhang, 2017. "WTO Accession and Performance of Chinese Manufacturing Firms". *American Economic Review* 107(9):2784—2820.

Brandt, L., and H. Li, 2003. "Bank Discrimination in Transition Economies: Ideology, Information or Incentives?". *Journal of Comparative Economics* 31(3):387—413.

Brandt, L., H. Li, and J. Roberts, 2005. "Banks and Enterprise Privatization in China". *Journal of Law Economic Organization* 21(2):524—546.

Brandt, L., T. Tombe, and X. Zhu, 2013. "Factor Market Distortions Across Time, Space, and Sectors in China". *Review of Economic Dynamics* 16:39—58.

Brandt, L., J. Van Biesebroeck, and Y. Zhang, 2014. "Challenges of Working with the Chinese NBS Firm-level Data". *China Economic Review* 30:339—352.

Brandt, L., J. Van Biesebroeck, and Y. Zhang, 2012. "Creative Accounting or Creative Destruction? Firm-level Productivity Growth in Chinese Manufacturing". *Journal of Development Economics* 97(2):339—351.

Cagatay, S., and H. Mihci, 2006. "Degree of Environmental Stringency and the Impact on Trade Patterns?". *Journal of Economic Studies* 33:30—51.

Cai, J., A. Harrison, and J. Lin, 2011. "The Pattern of Protection and Economic Growth: Evidence from Chinese Cities". Working Paper.

Chan, J.M.L., and K. Manova, 2015. "Financial Development and the Choice of Trade Partners". *Journal of Development Economics* 116:122—145.

Chandra, P., and C. Long, 2013. "VAT Rebates and Export Performance in China: Firm-Level Evidence". *Journal of Public Economics* 102:13—22.

Chaney, T., 2016. "Liquidity Constrained Exporters". *Journal of*

Economic Dynamics and Control 72:141—154.

Chen, Z., Y. Li, and J. Zhang, 2016. "The Bank-firm Relationship: Helping or Grabbing?". *International Review of Economics & Finance* 42:385—403.

Cheng, Y., 2014. "Place-based Policies in a Development Context: Evidence From China". Department of Economics, UC Berkeley, mimeo.

Ciuriak, D., 2013. "The Return of Industrial Policy". SSRN Working Paper.

Claessens, S., and L. Laeven, 2003. "Financial Development, Property Rights, and Growth". *Journal of Finance* 58:2401—2436.

Claessens, S., and N. Van Horen, 2014. "Foreign Banks: Trends and Impact". *Journal of Money Credit & Bank* 46(1):295—326.

Cleary, S., 1999. "The Relationship Between Firm Investment and Financial Status". *The Journal of Finance* 54:673—692.

Cooper, R., G. Gong, and P. Yan, 2018. "Costly Labour Adjustment: General Equilibrium Effects of China's Employment Regulations and Financial Reforms". *Economic Journal* 128:1879—1922.

Crozet, M., and F. Trionfetti, 2013. "Firm-level Comparative Advantage". *Journal of International Economics* 91(2):321—328.

Cui, C., K. John, J. Pang, and H. Wu, 2018. "Employment Protection and Corporate Cash Holdings: Evidence from China's Labor Contract Law". *Journal of Banking & Finance* 92:182—194.

Detragiache, E., T. Tressel, and P. Gupta, 2008. "Foreign Banks in Poor Countries: Theory and Evidence". *Journal of Finance* 63(5):2123—

2160.

Dollar, D., and S. J. Wei, 2007. "(Das Wasted) Kapital: Firm Ownership and Investment Efficiency in China". NBER Working Paper 13103.

Faber, M., 2020. "Robots and Reshoring: Evidence from Mexican Labor Markets". *Journal of International Economics* 127:103384.

Fafchamps, M., and M. Schündeln, 2013. "Local Financial Development and Firm Performance: Evidence from Morocco". *Journal of Development Economics* 103:15—28.

Fan, H., F. Lin, and L. Tang, 2018. "Minimum Wage and Outward FDI From China". *Journal of Development Economics* 135:1—19.

Feenstra, R.C., C. Hong, H. Ma, and B. J. Spencer, 2013. "Contractual versus Non-contractual Trade: The Role of Institutions in China". *Journal of Economic Behavior and Organization* 94:281—294.

Feenstra, R.C., Z. Li, and M. Yu, 2014. "Exports and Credit Constraints under Incomplete Information: Theory and Evidence from China". *Review of Economics and Statistics* 96(4):729—744.

Ferri, G., 2003. "Corporate Governance in Banking and Economic Performance—Future Options for PRC". Asian Development Bank Institute Discussion Paper No.3.

Ferri, G., 2009. "Are New Tigers Supplanting Old Mammoths in China's Banking System? Evidence from a Sample of City Commercial Banks". *Journal of Banking & Finance* 33(1):131—140.

Firth, M., C. Lin, P. Liu, and S. M. L. Wong, 2009. "Inside the Black Box: Bank Credit Allocation in China's Private Sector". *Journal of*

Banking & Finance 33(6):1144—1155.

Fu, X., and S. Heffernan, 2009. "The Effects of Reform on China's Bank Structure and Performance". *Journal of Banking & Finance* 33(1): 39—52.

Gallagher, M., J. Giles, A. Park, and M. Wang, 2015. "China's 2008 Labor Contract Law: Implementation and Implications for China's Workers". *Human Relations* 68(2):197—235.

Gan, L., M.A. Hernandez, and S. Ma, 2016. "The Higher Costs of Doing Business in China: Minimum Wages and Firms' Export Behavior". *Journal of International Economics* 100:81—94.

Gaulier, G., and S. Zignago, 2010. "BACI: International Trade Database at the Product-Level (the 1994—2007 Version)". CEPII Working Paper.

Gaurav, K., W. Liang, M. A. Mushfiq, and S. Ran, 2021. "The Productivity Consequences of Pollution-Induced Migration in China". Economic Growth Center Discussion Papers 1083.

Girardin, E., and X. Ping, 1997. "Urban Credit Co-operatives in China". OECD Development Centre Working Paper No.125.

Grinza, E., and F. Rycx, 2018. "The Impact of Sickness Absenteeism on Productivity: New Evidence from Belgian Matched Panel Data". Social Science Research Network. https://ssrn.com/abstract=3185238.

Grossman, G., and A. Krueger, 1991. "Environmental impacts of a North American Free Trade Agreement". NBER Working Paper No. w3914. https://ssrn.com/abstract=232073.

Guariglia, A., and S. Poncet, 2008. "Could Financial Distortions Be No Impediment to Economic Growth After All? Evidence From China". *Journal of Comparative Economics* 36(4):633—657.

Guiso, L., P. Sapienza, and L. Zingales, 2004. "Does Local Financial Development Matter?". *Quarterly Journal of Economics* 119(3):929—969.

Hale, G., and C. Long, 2011. "Are There Productivity Spillovers from Foreign Direct Investment in China?". *Pacific Economic Review* 16(2):135—534.

Harding, T., and B. S. Javorcik, 2011. "Roll Out the Red Carpet and They will Come: Investment Promotion and FDI Inflows". *Economic Journal* 121(557):1445—1476.

Harding, T., and B.S. Javorcik, 2012. "Foreign Direct Investment and Export Upgrading". *The Review of Economics and Statistics* 94(4):964—980.

Harrison, A., and R. A. Rodríguez-Clare, 2010. "Trade, Foreign Investment, and Industrial Policy for Developing Countries". In D. Rodrik and M. Rosenzweig(Eds.), *The Handbook of Development Economics*, *Vol.5*. Amsterdam: North-Holland, pp.4039—4214.

Harrison, A., I. Love, and M. McMillan, 2004. "Global Capital Flows and Financing Constraints". *Journal of Development Economics* 75(1):269—301.

Hausmann, R., and C. Hidalgo, 2011. "The Network Structure of Economic Output". *Journal of Economic Growth* 16(4):309—424.

Hausmann, R., and B. Klinger, 2007. "The Structure of the Product Space and the Evolution of Comparative Advantage". Harvard University, CID Working Paper No.146.

Head, K., and T. Mayer, 2014. "Gravity Equations: Workhorse, Toolkit, and Cookbook". In G. Gopinath, E. Helpman, and K. Rogoff (Eds.), *The Handbook of International Economics*, *Vol. 4*. Elsevier, pp.131—195.

Heckscher, E. F., 1991. "The Effect of Foreign Trade on the Distribution of Income". In H. Flam and M. J. Flanders(Eds.), *Heckscher-Ohlin Trade Theory*. MIT Press.

Helpman, E., and P. R. Krugman, 1985. *Market Structure and Foreign Trade Increasing Returns, Imperfect Competition, and the International Economy*. MIT Press.

Helpman, E., M. Melitz, and Y. Rubinstein, 2008. "Estimating Trade Flows: Trading Partners and Trading Volumes". *Quarterly Journal of Economics* 123(2):441—487.

Hidalgo, C. A., B. Klinger, A.-L. Barabási, and R. Hausmann, 2007. "The Product Space Conditions the Development of Nations". *Science* 317: 482—487.

Hopenhayn, H., and R. Rogerson, 1993. "Job Turnover and Policy Evaluation: A General Equilibrium Analysis". *Journal of Political Economy* 101(5):915—938.

Hsieh, C.T., and P. J. Klenow, 2009. "Misallocation and Manufacturing TFP in China and India". *Quarterly Journal of Economics* 124:1403—

1448.

Huang, Y., 2003. *Selling China*. Cambridge University Press.

Iacovone, L., E. Ferro, M. Pereira-López, and V. Zavacka, 2019. "Banking Crises and Exports: Lessons from the Past". *Journal of Development Economics* 138:192—204.

Ichino, A., and R.T. Riphahn, 2005. "The Effect of Employment Protection on Worker Effort: Absenteeism during and after Probation". *Journal of the European Economic Association* 3(1):120—143.

Jarreau, J., and S. Poncet, 2014. "Credit Constraints, Firm Ownership and the Structure of Exports in China". *International Economics* 139: 152—173.

Kali, R., J. Reyes, J. McGee, and S. Shirrell, 2013. "Growth Networks". *Journal of Development Economics* 101:216—274.

Kee, L., and H. Tang, 2016. "Domestic Value Added in Exports: Theory and Firm Evidence from China". *American Economic Review* 106(6):1402—1436.

Kendall, J., 2012. "Local Financial Development and Growth". *Journal of Banking & Finance* 36(5):1548—1562.

Khandelwal, A., P. Schott, and S. J. Wei, 2013. "Trade Liberalization and Embedded Institutional Reform: Evidence from Chinese Exporters". *American Economic Review* 103(6):2169—2195.

Khanna, G., W. Liang, M. A. Mushfiq, and S. Ran, 2021. "The Productivity Consequences of Pollution-Induced Migration in China". NBER Working Paper 28401.

Kroszner, R., L. Laeven, and D. Klingebiel, 2007. "Banking Crises, Financial Dependence, and Growth". *Journal of Financial Economics* 84(1):187—228.

Krugman, P., 1979. "Increasing Returns, Monopolistic Competition, and International Trade". *Journal of International Economics* 9(4):469—479.

Krugman, P., 1980. "Scale Economics, Product Differentiation, and the Pattern of Trade". *American Economic Review* 70(5):950—959.

Lai, T. K., Z. Qian, and L. Wang, 2016. "WTO Accession, Foreign Bank Entry, and the Productivity of Chinese Manufacturing Firms". *Journal of Comparative Economics* 44(2):326—342.

Lall, S., 1994, "The East Asian Miracle: Does the Bell Toll for Industrial Strategy?". *World Development* 22(4):645—654.

Lashitew, A. A., 2015. "Employment Protection and Misallocation of Resources across Plants: International Evidence". *CESifo Economic Studies* 62(3):453—490.

Léon, F., 2015a. "Does Bank Competition Alleviate Credit Constraints in Developing Countries?". *Journal of Banking & Finance* 57:130—142.

Léon, F., 2015b. "What Do We Know about the Role of Bank Competition in Africa?". HAL Working Paper.

Li, H., L. Meng, Q. Wang, and L. A. Zhou, 2008. "Political Connections, Financing and Firm Performance: Evidence from Chinese Private Entrepreneurs". *Journal of Development Economics* 87(2):283—299.

Li, H., and L. Zhou, 2005. "Political Turnover and Economic Performance: The Incentive Role of Personnel Control in China". *Journal of Public Economics* 89(9—10):1743—1762.

Li, X., and A. A. Liu, 2014. "Imitating to Export". Cheung Kong Graduate School of Business, mimeo.

Li, X., and R. B. Freeman, 2014, "How Does China's New Labour Contract Law Affect Floating Workers?", *British Journal of Industrial Relations* 53(4):711—735.

Lin, H., 2011. "Foreign Bank Entry and Firms' Access to Bank Credit: Evidence from China". *Journal of Banking & Finance* 35(4):1000—1010.

Lin, J. Y., 2012. "New Structural Economics: A Framework for Rethinking Development". Washington D.C.: The World Bank.

Lin, J. Y., X. Sun, and H. X. Wu, 2015. "Banking Structure and Industrial Growth: Evidence from China". *Journal of Banking & Finance* 58:131—143.

Lin, X., and Y. Zhang, 2009. "Bank Ownership Reform and Bank Performance in China". *Journal of Banking & Finance* 33(1):20—29.

Lo, W.-H., G. E. Fryxell, and W.-H. Wong, 2006. "Effective Regulations with Little Effect? The Antecedents of the Perceptions of Environmental Officials on Enforcement Effectiveness in China". *Environmental Management* 38:388—410.

Lu, Z., D. G. Streets, Q. Zhang, S. Wang, G. R. Carmichael, Y. F. Cheng, C. Wei, M. Chin, T. Diehl, and Q. Tan, 2010. "Sulfur Dioxide Emissions in China and Sulfur Trends in East Asia since 2000". *Atmos-*

pheric Chemistry and Physics 10(13):6311—6331.

Manova, K., and Z. H. Wei., 2017. "Multi-product Firms and Product Quality". *Journal of International Economics* 109:116—137.

Manova, K., 2013. "Credit Constraints, Heterogeneous Firms, and International Trade". *The Review of Economic Studies* 80(2):711—744.

Manova, K., S. J. Wei, and Z. Zhang, 2015. "Firm Exports and Multinational Activity under Credit Constraints". *Review of Economics & Statistics* 97(3):574—588.

Martin, M.F., 2012. "China's Banking System: Issues for Congress". Congressional Research Service Report for Congress.

Mayneris, F., and S. Poncet, 2015. "Entry on Difficult Export Markets by Chinese Domestic Firms: The Role of Foreign Export Spillover". *World Bank Economic Review* 29(1):150—179.

Melitz, M. J., 2003. "The Impact of Trade on Intra-Industry Reallocations and Aggregate Industry Productivity". *Econometrica* 71(6):1695—1725.

Minetti, R., and S.C. Zhu, 2011. "Credit Constraints and Firm Export: Microeconomic Evidence Italy". *Journal of International Economics* 83:109—125.

Moulton, B.R., 1990. "An Illustration of a Pitfall in Estimating the Effects of Aggregate Variables on Micro Units". *Review of Economics & Statistics* 72(2):334—338.

Muûls, M., 2015. "Exporters, Importers and Credit Constraints". *Journal of International Economics* 95(2):333—343.

Nunn, N., and D. Trefler, 2014. "Domestic Institutions as a Source of Comparative Advantage". In G. Gopinath, E. Helpman, and K. Rogoff (Eds.), *The Handbook of International Economics*, *Vol. 4*. Elsevier, pp.263—315.

Ohlin, B., 1933. *Interregional and International Trade*. Harvard University Press.

Okudaira, H., M. Takizawa, and K. Tsuru, 2013. "Employment Protection and Productivity: Evidence from Firm-Level Panel Data in Japan". *Applied Economics* 45(15):2091—2105.

Olley, G.S., and A. Pakes, 1996, "The Dynamics of Productivity in the Telecommunications Equipment Industry", *Econometrica* 64:1263—1297.

Olsson, M., 2009. "Employment Protection and Sickness Absence". *Labour Economics* 16(2):208—214.

Park, A., and K. Sehrt, 2001. "Tests of Financial Intermediation and Banking Reforms in China". *Journal of Comparative Economics* 29(4): 608—644.

Petersen, M.A., and R.G. Rajan, 1995. "The Effect of Credit Market Competition on Lending Relationships". *Quarterly Journal of Economics* 110(2):407— 443.

Pistor, K., M. Raiser, and S. Gelfer, 2000. "Law and Finance in Transition Economies". *Economics of Transition* 8(2):325—368.

Podpiera, R., 2006. "Progress in China's Banking Sector Reform: Has Bank Behavior Changed?". IMF Working Paper.

Poncet，S.，and F. Starosta de Waldemar，2013. "Export Upgrading and Growth：The Prerequisite of Domestic Embeddedness". *World Development* 51：104—118.

Poncet，S.，and F. Starosta de Waldemar，2015. "Product Relatedness and Firm Exports in China". *World Bank Economic Review* 29(3)：579—605.

Raddatz，C.，2006. "Liquidity Needs and Vulnerability to Financial Underdevelopment". *Journal Financial Economics* 80(3)：677—722.

Rajan，R.，and L. Zingales，1998. "Financial Dependence and Growth". *American Economic Review* 88(3)：559—586.

Ricardo，D.，1817. *On the Principles of Political Economy and Taxation*. London：John Murray.

Rovigatti，G，and V. Mollisi，2018. "Theory and Practice of Total-Factor Productivity Estimation：The Control Function Approach Using Stata". *The Stata Journal* 18(3)：618—662.

Santos，S.，M. C. Joao，and S. Tenreyro，2006. "The Log of Gravity". *The Review of Economics and Statistics* 88(4)：641—658.

Santos，S.，M.C. Joao，and S. Tenreyro，2011. "Further Simulation Evidence on the Performance of the Poisson Pseudo-maximum Likelihood Estimator". *Economics Letters* 112(2)：220—222.

Schminke，A.，and J. Van Biesebroeck，2013. "Using Export Market Performance to Evaluate Regional Preferential Policies in China". *Review of World Economics* 149(2)：343—367.

Song，Z.，K. Storesletten，and F. Zilibotti，2011. "Growing Like

China". *American Economic Review* 101(1):196—233.

Suedekum, J., and P. Ruehmann, 2003. "Severance Payments and Firm-specific Human Capital". *Labor* 17:47—62.

Upward, R., Z. Wang, and J. Zheng, 2013. "Weighing China's Export Basket: The Domestic Content and Technology Intensity of Chinese Exports". *Journal of Comparative Economics* 41(2):527—543.

Wang, C., 2017. "Crony Banking and Local Growth in China". BOFIT Discussion Paper.

Wang, H., N. Mamingi, B. Laplante, and S. Dasgupta, 2003. "Incomplete Enforcement of Pollution Regulation: Bargaining Power of Chinese Factories". *Environmental and Resource Economics* 24:245—262.

Wang, J., 2013. "The Economic Impact of Special Economic Zones: Evidence from Chinese Municipalities". *Journal of Development Economics* 101:133—147.

Wang, Z., and S. Wei, 2010. "What Accounts for the Rising Sophistication of China's Exports?". In R. Feenstra and S. J. Wei (Eds.), *China's Growing Role in World Trade*. University of Chicago Press, pp.63—104.

Wilcoxon, F., 1945. "Individual Comparisons by Ranking Methods". *Biometrics* 1:80—83.

Wu, H., H. Guo, B. Zhang, and M. Bu, 2017. "Westward Movement of New Polluting Firms in China: Pollution Reduction Mandates and Location Choice". *Journal of Comparative Economics* 45:119—138.

Yagan, D., 2019. "Employment Hysteresis from the Great Recession". *Journal of Political Economy* 127(5):2505—2558.

Yamazaki, A., 2017. "Jobs and Climate Policy: Evidence from British Columbia's Revenue-Neutral Carbon Tax". *Journal of Environmental Economics and Management* 83:197—216.

Yang, R., and C. He, 2014. "The Productivity Puzzle of Chinese Exporters: Perspectives of Local Protection and Spillover Effects". *Papers in Regional Science* 93(2):367—384.

Yin, Z., 2009. "It's Not What Is on Paper, but What Is in Practice: China's New Labor Contract Law and the Enforcement Problem". *Washington University Global Studies Law Review* 8(3):595—617.

Zhang, D., J. Cai, D. G. Dickinson, and A. M. Kutan, 2016. "Nonperforming Loans, Moral Hazard and Regulation of the Chinese Commercial Banking System". *Journal of Banking & Finance* 63:48—60.

Zhao, C., M. E. Kahn, Y. Liu, and Z. Wang, 2018. "The Consequences of Spatially Differentiated Water Pollution Regulation in China". *Journal of Environmental Economics and Management* 88:468—485.

图书在版编目(CIP)数据

中国企业出口的政策环境研究/熊瑞祥著.—上海：
格致出版社：上海人民出版社,2022.9
ISBN 978 - 7 - 5432 - 3380 - 5

Ⅰ.①中⋯　Ⅱ.①熊⋯　Ⅲ.①企业管理-出口贸易-
研究-中国　Ⅳ.①F752.62

中国版本图书馆 CIP 数据核字(2022)第 162151 号

责任编辑　张苗凤
装帧设计　路　静

中国企业出口的政策环境研究
熊瑞祥　著

出　　版　格致出版社
　　　　　上海人民出版社
　　　　　(201101　上海市闵行区号景路 159 弄 C 座)
发　　行　上海人民出版社发行中心
印　　刷　上海颛辉印刷厂有限公司
开　　本　720×1000　1/16
印　　张　13.25
插　　页　2
字　　数　160,000
版　　次　2022 年 9 月第 1 版
印　　次　2022 年 9 月第 1 次印刷
ISBN 978 - 7 - 5432 - 3380 - 5/F·1458
定　　价　58.00 元